销售就是玩转情商

价值百万的情商销售策略

潘鸿生◎编著

云南出版集团

YNK 云南科技出版社

·昆明·

图书在版编目（CIP）数据

销售就是玩转情商 / 潘鸿生编著 . -- 昆明：云南
科技出版社，2021.3
ISBN 978-7-5587-3350-5

Ⅰ . ①销… Ⅱ . ①潘… Ⅲ . ①销售方式 Ⅳ .
① F713.3

中国版本图书馆 CIP 数据核字 (2021) 第 035331 号

销售就是玩转情商

XIAOSHOU JIUSHI WANZHUAN QINGSHANG

潘鸿生　编著

责任编辑：洪丽春
　　　　　曾　芫
助理编辑：张　朝
封面设计：U+Na 工作室
责任校对：张舒园
责任印制：蒋丽芬

书　　号：ISBN 978-7-5587-3350-5
印　　刷：永清县晔盛亚胶印有限公司
开　　本：889mm×1194mm　1/32
印　　张：7
字　　数：175 千字
版　　次：2021 年 3 月第 1 版
印　　次：2021 年 3 月第 1 次印刷
定　　价：38.00 元

出版发行：云南出版集团公司　云南科技出版社
地　　址：昆明市环城西路 609 号
网　　址：http://www.ynkjph.com/
电　　话：0871-64190889

前　言

为什么无论你怎么说，客户都不买账？

为什么刚一见到客户，客户就会对你产生厌烦？

为什么无论你怎样一再保证，客户始终对你持怀疑态度？

为什么前期都沟通得很顺畅，一到要成交时就会遭到拒绝？

为什么一个看起来稳操胜券的单子，一夜之间就被竞争对手夺走了？

……

究其原因，就是情商低导致的。

事实上，每个销售员从一开始接触客户到完成交易，他所需要的不仅仅是细致的安排和周密的计划，更是让顾客了解你——喜欢你——信任你（成交）——信赖你（忠诚顾客）的过程，从这个角度来看，销售不仅仅是销售员与客户之间进行商品与金钱等价交换那么简单，更是需要人与人之间的沟通和交流。如果销售员具有较高的情商，能够与客户建立良好的人际关系，那么销售就会变得轻松而简单。

情商是销售能力的体现，也是一种工作的技能。事实上，优秀的销售员在同理心、抗压力与灵活性等若干情商方面，都表现得出类拔萃。他们往往适应能力强，而且能够更好地处理自己的情绪，即使面对失败，也有很强大的心理素质，从来都不悲观。他们总可以吸引客户的注意力，自如地与客户进行交谈，激发客户的兴趣，刺激客户的购买欲望；可以消除客户的疑虑，赢得客户的信任；可以将相关信息有效地传递给客户；能够摆脱销售中的沟通困境，掌握销售的主动权……可以毫不夸张地说，销售的成功在很大程度上可以归结为销售人员对情商的合理运用与发挥。因此，销售不仅需要技巧，更需要情商。

销售是一个与人打交道的工作，情商对销售人员来说非常重要。它不仅有助于我们完成自己的销售任务，还可以帮助我们收获更多，比如更多好朋友，比如更多的销售经验等无形财富，所以培养情商非常重要。但情商不是与生俱来的，是需要后天培养的。对于销售人员来说，要想提高情商，就要进行相关的训练，只有这样，才能根据自身的实际情况制定出相应的目标，并最终实现自己的人生目标。

本书从情商出发，在情商销售理论的基础上，将经典案例与操作方法相结合，揭示了情商对销售工作的影响和作用，同时将销售工作中可能会遇到的问题都做了详尽的阐述，并给出了行之有效的指导方法，让读者看清销售误区，改变目前的销售现状，成就销售辉煌。

目　录

第一章　你的销售情商价值百万

第二章　提高素养：先做好自己，再去做销售

第三章　没有赢不了的开局，
　　　　只是你没打好第一印象这张牌

第四章　做好沟通：情商是与人高效沟通的法宝

第五章　建立朋友圈：销售就是要搞定人

第六章　销售攻心术：不懂心理学就做不好销售

第七章　没有卖不掉的产品，只是你的销售功夫不到家

目录

第八章 没有抓不住的商机，
只是你没扮演好客户顾问的角色

第一章 你的销售情商
价值百万

情商决定你的销售成败

当今社会，人们对情商的重视程度越来越高。情商是一种不可或缺的技能，对人类的生存和发展有很重要的作用，它使人们之间能相互理解，使人与人之间能和谐、融洽地相处，有助于建立良好的人际关系。

研究表明，情商在人生成就中起着至关重要的作用。美国哈佛大学的心理学家霍华德·加德纳说："成功对任何人来说都不是命中注定的。成功的人之所以能成功除了后天的不懈努力之外，情商也是最关键的成功砝码。与情商低的人相比，那些高情商的人更懂得如何为自己争取机会，进而去成功。"据多项调查表明，情商较高的人往往会在人生各个领域占尽优势，无论是人际交往，还是驰骋职场，无论是追求自己的爱情，还是开创自己的事业，其成功的概率都比较大。此外，情商高的人，生活会更有效率，并且更容易感到满足，更可以通过自己的智能获取丰硕的成果。而那些不能驾驭自己情感的人，则往往易在内心产生激烈的冲突，而这种冲突会削弱他们本应集中于工作的实践能力和思考能力。

情商是一种能力，是一种察觉、评价的能力，是一种情感发泄的能力，是一种调节情绪、帮助智力发展的能力。它具体包括情绪的自控力、人际关系的处理能力、挫折的承受力、自我的了解程度以及对他人的理解与宽容。

在成功的道路上，情商比智商起着更重要的作用。有人总结出这样一个公式：成功=20%智商+80%情商。可以说，情商比智商更重要。对于销售人员而言，智商可以让你成功，而情商不仅能让你成功，更能让你的销售业绩突飞猛进。可以说，情商是影响销售成败最为重要的资本。情商越高，社交能力越强，与客户关系越融洽，销售业绩也就越好。

有一位销售代表到一家饭店去推销地板清洁剂，刚一推开经理室的门，发现已经有一家公司的销售代表正在推销地板清洁剂，而且经理已表示要购买。后进来的销售代表见状，凑过去看了看说："经理，我也是销售地板的清洁剂的，不过我的产品质量比他的好！"后到的销售代表将自己销售的清洁剂往地上一泼，擦了两下说："你来看！"地上变得干干净净的，先进来的销售员呆了，不知道怎么去对付。饭店经理看过后对先来的销售员说："你以后别来了，我要这家了。"

一般来说，情商高的人，往往会说话、社交能力强，而情商低的人缺乏应变能力、容易放弃，这种情况在这个事例中表现得淋漓尽致。无疑，第二个销售代表是一个高情商的人，即便是有其他销售人员先来推销，他也能游刃有余地应对，争取销售机会。相比之下，第一个销售代表是一个低情商的人，遇到突发事件，不知应对，自然也就失去了生意。

情商的高低，可以决定一个人的其他能力（包括智力）能否发挥到极致，从而决定这个人的人生能够取得多大的成就。李开复说："情商意味着，有足够的勇气面对可以克服的挑战、有足够的肚量接受不可克服的挑战、有足够的智慧来分辨两者的不同。"如果将人生比作一辆全速行驶的列车，那情商不仅能为列车提供足够的动力，而且决定着列车的前行方向。一个人要想取得事业上的成功，往往需要正确的思想和理念来指引方向，而那些真正具有建设性的精神力量，则大多蕴藏在左右人生命运的情商中。

有一位日用化工厂的推销员，他看了影片《人到中年》后，考虑到中年知识分子应当受到爱护和照顾，便领了任务，到一个研究所里去推销"染发""防皱"的美容化妆品。遗憾的是他并没获得成功，其原因就是他的言语引起人们的反感。他是这样说的："在座的有不少知识分子。人到中年嘛，如俗话所说，'人过四十天过午'，头上的白发一天比一天增多，脸上的皱纹一天比一天粗重，正一步步向老年迈进，今天我给大家送来了几种美容产品，虽无返老还童之力，但总可帮助大家遮遮丑……"

大家越听心里越不是滋味，有一位仁兄讪笑着站起来说："算了吧！人越老学问越多，也许越懂礼貌，我们还是听任白发和皱纹自然地增添吧！"说完，客气地将这位推销员请了出去。

很显然，事例中的这个推销员情商太低，不会说话，让生意泡了汤。俗话说："良言一句三冬暖，恶语伤人六月寒。"情商低的人说话总是让人反感，而那些情商高的人一口就讨人喜欢。事实表明，销售员能言善辩，说话中听，是情商高的一种表现。出色的销售人员一定要有出色的口才。因为只有出色的口才，才能够让顾客感受到你的魅力，才会心甘情愿地购买你的产品。

在销售的过程中，情商扮演着重要角色，情商高的销售员能与客户建立良好的人际关系，达成一种"一见如故"的默契，赢得客户的心，从而决定购买自己的产品；而那些情商低的销售员，则会在与客户交往中举步维艰，不仅会坐失销售良机，也很难在事业上有出人头地的发展。

情商是开启心智的钥匙，是获得成功的力量来源。对销售人员来说，情商的高低，决定着销售业绩的高低，直接影响着营销的成败。从某种意义上讲，情商决定命运，情商的高低是一个人事业成败的分水岭，它将在最大限度上决定着你能否拥有完美的人生！

要做好销售工作，必须要有自信

自信对于销售人员来说非常重要，它是高情商的重要表现，也是销售人员必备的各种心理素质中最根本的素质。

自信是销售成功的第一秘诀。相信自己能够取得成功，这是销售人员取得成功的先决条件。乔·吉拉德说："信心是销售人员胜利的法宝。"乔·坎多尔弗说："在销售过程的每一个环节，自信心都是必要的成分。"

自信是积极向上的产物，也是一种积极向上的力量。你只有对自己充满自信，在客户面前才会表现得落落大方、胸有成竹，你的自信才会感受染、征服客户，客户对你销售的产品才会充满信任。相反，如果你缺乏自信，无形中拉开了和客户的距离，而且不自信的人说话时往往含糊其辞。试想，一个连自己都对产品质量和功能缺乏自信的人，这又怎么能让客户去相信产品，下定购买的决心呢？所以不自信的销售员很容易遭到客户的拒绝。并且不自信的销售员往往因为几次失败便被打击得失去继续努力的勇气，变得害怕和逃避推销，长此下去，是不利于自己的销售事业发展的。

刘畅刚刚进入一家保险公司，因为该保险公司是一家外国企业，刚刚进入中国市场，处于起步阶段，各方面发展不够完善，使刘畅的内心缺少一定的安全感，他害怕公司难以发展壮大，使自己白白浪费时间，最终一无所获。虽然公司表面上自诩实力雄厚、市场广阔，但是他却不敢苟同，始终对公司抱有怀疑的态度，总觉得心里难以得到安稳。所以那些进入公司前的雄心壮志渐渐都被丢弃，而且工作热情大减，虽然公司也在慢慢步入正轨，业务员也越来越多，但是刘畅却越来越没有自信。每次出去面见客户，他心里总是不踏实，怕客户问起公司的情况，并表示怀疑。所以他和客户谈判时总是闪烁其词，反而更加引起客户的不信任，最终导致交易失败。最后刘畅不得不离开了公司。在他离开的一年后，该公司就得到了极大的发展，并广泛地被市场所接受，于是刘畅后悔了，如果自己留下来好好干，现在肯定已经是公司的部门经理了。

刘畅没有认清公司的具体形势，就轻易地对公司失去信心，并且在消极心理的影响下，情绪低落、言行怯懦、消极怠工，使工作一塌糊涂，更加挫伤了自己的自信心，最终选择了离开，却错过了好的发展机会。

看，这就是信心不足导致的结果。销售是与人打交道的工作。当你面对客户的时候，你的自信第一时间就能够传递给客户，同时传递的还有客户对你的信任。如果一个销售员对自己和自己的公司没有信心，那么，传递给客户的就是对你和你的公司的怀疑，让客户信任你将是一件非常困难的事情。

所以，在和客户沟通的时候首先要树立这样的观念：我是最优秀的、我们公司是最优秀的、我的产品是客户最喜欢的。有了这样的观念，在你和客户进行沟通的时候，你的言语、行为举止就会无形中流露出一种自信，从而赢得客户对你的信任。

世界上最伟大的销售人员乔·吉拉德，早年事业失败、负债累累，更糟糕的是，他根本供养不了自己的家人。

有一天，他拜访了底特律一家汽车经销商，要求得到一份销售工作。经销商见乔·吉拉德貌不惊人，拒绝了他。

这时，乔·吉拉德说："先生，假如你不雇用我，你将犯下一生中最大的错误！我不要有暖气的房间，我只要一张桌子，一部电话，两个月内我将打破你最佳销售人员的销售纪录，就这么约定。"那位先生听了乔·吉拉德的一番话，被这个年轻人的信心征服了，同时他也想看看乔·吉拉德是否能打破所有人的销售纪录。

果不其然，乔·吉拉德真的用业绩证明了一切，经过艰苦的努力，在两个月内，他真的做到了，他打破了该公司所有人的销售纪录。

乔·吉拉德曾说："销售的要点是，你不是在销售产品，而是在销售你自己。"他甚至还撰写了一部名为《怎样销售你自己》的著作，来专门阐述他的这一思想。在那本著作中，有这样一句话："如果你认为你能，天下就没有卖不出去的产品；如果你认为你不能，你就根本不可能卖出一件产品！"

看，这就是自信的力量。乔·吉拉德的成功是必然的，首先他有一个必胜的信念。因为乔吉拉德知道，如果自己不把精力投入到这份工作里面，那么，他和他的家人就会挨饿，所以他必须坚定这个信念，而信念正是组成自信的一部分，这让乔·吉拉德在未接触客户之前就有了一种必胜的自信。

自信是成功的先决条件。对销售人员来说，树立起必要的自信，并将其恰当地展现给客户，让他们感觉你充满信心活力和希望的精神状态，就会令客户好感丛生，距离销售成功也就一步之遥了。

自信是一种力量，更是一种赢得客户尊重的人格魅力。有这样一个道理：不是因为有些事情难以做到，我们才失去自信，而是因为我们失去自信，有些事情才显得难以做到。所以销售员一定要有信心，对自己的公司充满信心，对销售的产品充满信心，对自己的能力充满信心，对美好的未来充满信心。不管面对什么样的客户，都要在心里告诉自己"我一定能够说服他们"，然后信心百倍地去和客户沟通，那么成功就在你的面前。

随机应变，时刻保持灵活的状态

销售高手都是最灵活的人。对于销售人员来说，头脑灵活是其要具备的最起码的素质，是确保销售获得圆满成功的一个先决条件。在日常工作中，销售人员所接触的客户是十分广泛和复杂的，什么样的客户都有，其中不乏一些固执的、冷漠的、倔强的、蛮横的、傲慢的客户。如果没有灵活聪慧的应变能力，那么就很难适应并应对不同客户的要求，这样就会给销售工作带来很大的阻碍和损失。

比如，有个客户第一次见面就要求报送产品方案并报价，经理告诉一个销售员这个客户可以报价，并且明天一定要把产品方案报过去，这个销售员按照经理的指示做了，效果不错；下一次又有一个客户要求报价，他就按照上一次的样子同样报了方案及价格，但这一次经理却批评了他，说他没有搞清客户的需求就乱报价，因为这个客户与上一个客户是不同的，这个客户需要在了解一下以后再报价，这让这个销售人员感到非常迷茫。经过这样的几次教训，他认识到客户与客户之间确实是不同的，应当采用不同的报价方式，但是他自己又吃不准什么时候该报价，什么时候不该报价，什么时候应当马上报价，什么时候要后报价等等。怎么办，为保险起见还是先向经理请示，经理说怎么办就怎么办。时间一长经理就感觉这个销售人员是个"木偶"，做事根本就不动脑子。

不动脑子，就失去了活力和创造力，成功也变得遥遥无期了。销售最忌讳的就是固定模式，不懂变通。只有打破思维，时刻保持灵活的状态，自我创造，才有提升的空间，才能有所作为！所以在整个销售过程当中，你需要时刻保持灵活的状态。

推销员乔治情商很高，而且反应敏捷，善于随机应变。有一次，他正在推销"折不断"的绘图T字尺："看呀，这些绘图T字尺多么牢固，任凭你怎么用都不会损坏。"

为了证明自己所言非虚，乔治捏着一把绘图T字尺的两端使它弯曲起来。突然"啪"的一声，尺子折断了。乔治顿时傻了眼。

几秒钟过后，乔治把断了的尺子高高地举起来，对围观的人群大声说："女士们，先生们，这就是绘图T字尺内部的样子。"

无独有偶。一次，一名扫描仪推销员在某次展会上做产品展示，他在台上滔滔不绝地解说着，同时向大家演示如何操作这台扫描仪。

他说："经过反复的验证和严格的把关，我们公司成功地将故障发生率降到了最低——千万分之一的概率。"

然而话音刚落，扫描仪就出现了故障，无法运行。台下立刻引起了骚动，人们纷纷交头接耳。

"可见诸位是多么的有威慑力，同时我本人也很庆幸，因为我是我们公司唯一一位见证了这千万分之一概率的员工。"推销员镇定地说。

台下一片掌声，推销员见状，继续他的演讲和展示。

在销售过程中，销售人员总会遇到千变万化的情况，这就要求销售员要沉着冷静、机智灵活地逐一处理，把不利的突发因素消解，甚至化为有利的因素，同时又决不放过任何一个有利的突发因素为自己的销售增加砝码。

俗话说："变则通，通则灵。"若要有效地发挥自身的灵活度，销售人员就不能仅仅是死板地例行公事、墨守成规，而应该善于发现新情况、新问题，从销售实践中总结新经验。对于销售工作中遇到的新事物、新问题，能够认真分析、勇于开拓，大胆提出新设想、新方案；在突发事件面前要沉着冷静，灵活处理，想方设法化解不利因素，而不能盲目行事。

李晔是一家公司的业务员。公司的产品不错，销路也不错，但产品销出去后，总是无法及时收到款。如何讨账便成了公司最大的问题。

有一位客户，买了公司10万元产品，但总是以各种理由迟迟不肯付款，公司派了几批人去讨账，都没能拿到货款。当时李晔刚到公司上班不久，就和另外一位员工一起被派去讨账。他们软磨硬磨，想尽了办法。最后，客户终于同意给钱，叫他们过两天来拿。

两天后，他们赶去，对方给了一张10万元的现金支票。

他们高高兴兴地拿着支票到银行取钱，结果却被告知，账上只有99820元。很明显，对方又耍了个花招，他们给的是一张无法兑现的支票。第二天公司就要放假了，如果不及时拿到钱，不知又要拖延多久。

遇到这种情况，一般人可能一筹莫展了。但是他突然灵机一动，于是拿出200元钱，让同去的同事存到客户公司的账户里去。这一来，账户里就有了10万元。他立即将支票兑了现。

当他带着这10万元回到公司时，董事长对他大加赞赏。之后，他在公司不断发展，5年之后当上了公司的副总经理，后来又当上了总经理。

生意场上，无论买卖大小，出卖的都是智慧。而销售人员的应变能力就是一种智慧的体现，反映了销售人员机敏灵活的处事头脑和审时度势的工作能力。销售人员每天要接触很多的客户，而客户的性格、爱好、品性又各不相同，这样就可能会在销售的过程中出现很多不曾出现过的状况，或者遇到没有经历过的难题，这都是很正常的事情。销售人员不应该因为自己没有经历过，就失去信心和勇气，产生畏惧心理，惊慌失措，不知所云，这样只会给客户留下不好的印象，只会阻碍销售工作的顺利进行。

灵活变通是销售中不可缺少的智慧。有时候，销售人员需要执着，但执着不是固执。做人不能太固执，要灵活变通。善于灵活变通者，对手也能变为朋友，这就等于为自己的未来添了一条路。因此，遇到销售难题时，要变通你的思路和态度，不要总是

"一根筋"扯不断。

自我激励，为销售事业打气加油

在生活中，我们需要受到别人的鼓励，更要学会自己鼓励自己，也就是进行自我激励。自我激励是人生中一笔弥足珍贵的财富，在人生前进中能产生无穷的动力。

所谓自我激励，就是通过激发人的行为动机的心理，使人处于一种兴奋状态。这是一种积极的自我心理暗示，常能使处于不利地位的人打消自卑感，增强自信心和进取心。

自我激励，是一个人获得进取人生的内在动因。人的一切行为都是受到激励而产生的，通过不断地自我激励，就会使人有一股内在的动力，朝向所期望目标前进，最终达到成功。同样，对于销售人员来说，自我激励也是非常重要的。这是销售人员的动力，是销售人员的勇气，是销售人员的信心。

作为销售人员，经常处于单打独斗的工作状态，面对不同的销售情境和无数次客户的拒绝，要有自我激励的能力。销售本来就是一件困难而富有挑战性的工作，事实上，很多人之所以选择从事这项工作的动机，就是因为自己喜欢迎接和应对挑战。弱者永远不可能成为一个销售事业的成功者，除非他首先改变自己的人格，不断地进行自我激励，使自己成为一个强者。所以，优秀的销售人员，常常都是自我激励的高手。

美国著名的销售训练大师布莱恩·崔西最初从事销售职业时经历了很多的坎坷。他原来是一个工程师，薪水也很高，但是他发现朋友从事销售很赚钱，于是就改行从事销售工作。但是事情并没有他想象得那么简单，在他转行的第一年就遭受了失败。布莱恩·崔西在接触第一个客户的时候就受到了排斥，致使彼此十分尴尬，他甚至想要马上离开，逃离这样的氛围。这给布莱恩·崔西的内心带来了阴影，开始害怕去见客户，总是控制不住地想要退缩，甚至根本不愿意承认自己是推销员。

后来，布莱恩·崔西决定努力消除自己的顾虑，当他再次遇到困难想退缩的时候，他就鼓励自己："布莱恩，你真的很差劲吗？你看看，别人能在这里赢得精彩，你为什么不能？"

通过自己对自己鼓励，他再次有了追求的勇气和动力。于是他开始承认自己的身份，并且每天都带着希望，满怀信心去拜访客户，并坦诚地向客户展示其可能需要的商品。最终，他获得了巨大的成功，成了世界顶级的推销员。

成功总是属于那些不懈努力和不断的自我激励的人。上面这个故事给销售员这样一个启示：当你沮丧、悲观失望的时候，一定要不断地进行自我激励。

自我激励，实际上是销售员调整个人心态，端正个人态度，树立明确目标，最终提高自信，实现成功销售的一个自我状态的调节过程。

美国一家知名度很高的杂志曾对美国前500家大企业的领导人作了一次调查研究，发现这些人身上的第一个共同点是：他们都重视自我激励。他们有的把激励自己的话录成磁带；有的抄在小本子上随身携带；有的写在纸上，张贴在自己视野所及的地方；有的每天花几分钟的时间，面对镜子反复朗诵那些令人振奋、令人自信的语句。他们就是这样来激励自己，走向成功的。

有一个销售经理同一个名叫李响的销售人员出现了一点小摩擦。李响很有能力，他在过去的日子里证明了自己的才干，是个很讨人喜欢的小伙子，但在最近的几个月里，他却一直走下坡路。

这个销售经理尽一切努力想把他拉起来，并认真研究了他的销售工作，对他进行鼓励，直到他听腻了。但这些都没奏效。最后，销售经理不得不对他下了最后通牒，给他定下了一个最后目标：在一周之内，至少要做成三笔交易，否则走人。

李响不想被开除，销售经理也不想让他走——因为他非常讨人喜欢。

销售经理给他一下午的时间，对他说："李响，今天下午我放你假，你可以回家了。到家以后，不要去做平时要做的事，到花园里去放松一下，一遍遍对自己说，'我明天就能做成一笔买卖，我明天……'冲澡和吃晚饭的时候，一遍遍对自己说，'我明天就能做成一笔买卖，我……'不要看电视，多散一会儿步，不断地重复这句话，直到脑子里一片空白。"

"早点上床，不要看书，也不要数数，对自己说'我明天就能做成一笔买卖……'不断地说，直到你入睡——要带着感情说，有信心地说。"

一开始，李响怀疑这样做是否会见效，当他第一次谈业务时，他的客户带有几分消极和拒绝的姿态。李响一点也不感到奇怪——他的疑虑得到了证实，这方法看来不见效。

接着，发生了一种奇怪的现象。尽管这个客户仍然持消极态度，但他露出了一点积极的姿态和想购买的愿望。李响的潜意识被调动起来了，他下意识地对自己说："坚持一下，也许你今天就能做成一笔买卖。"他两个月来第一次开始寻找和倾听积极的回应。

不用说，他做成了这笔买卖，达到了他的目的。现在，他又成为一名优秀的销售人员了。

销售是一项极其富有挑战性的工作，与技术人员、行政人员相比，销售员背负着更大的工作压力。在销售中，我们经常要遇到困难、挫折、挑战以及我们自己的懒惰、贪心、享乐等个人劣性，当面对背井离乡孤军奋战的寂寞、完不成销售任务的沮丧、广告促销效果不佳的困惑、客户故意刁难的气愤、与客户谈判陷入僵局的无奈等等挫折和压力时，潜意识总是使我们去选择恐惧或退缩，从而导致我们销售的失败。怎样才能把自己解救出来呢？我们必须学会自我激励，有效进行自我激励应该做到：

1. 保持良好的心态

良好的心态，有助于摆脱销售挫折。在受挫折时，不断地给自己好的心理暗示，多想一些让自己兴奋和开心的事情，多想想事情的积极性的一面。

2．调高目标

真正能激励销售员奋发向上的是：确立一个既宏伟又具体的销售目标。许多销售员之所以达不到自己孜孜以求的目标，是因为他们的主要目标太小，而且太模糊，使自己失去主动力。如果你的主要目标不能激发你的想象力，目标的实现就会遥遥无期。

3．适当给自己奖励

当自己完成一个阶段性的任务，或取得阶段性成果的时候，要给予自己适当的奖励，以保证自己的工作状态，同时展望下一个工作目标时，对自己许下一个愿望，如果能够达成，如何给自己奖励，以保证工作的激情。

4．不要害怕拒绝

不要消极接受客户的拒绝，而要积极面对。当你推销失败、客户拒绝你的时候，把这种拒绝当作一个问题："自己能不能更多一点创意呢？"不要听见"不"字就打退堂鼓。应该让这种拒绝激励你更大的创造力。

好心态是销售成败的关键

很多时候，决定销售成败的因素往往不是销售员的个人能力和销售技巧，而是销售员所保持的心理状态。我们知道，销售工作要时刻面对新环境、遭遇新挫折、经受新挑战，那么如何能够坦然自若，从容应对？唯有具备良好的心态，才能面对一切销售困境。如果销售员总是以消极的心态来对待自己的工作和客户，那么即使是再优越的机会和条件，他也无法取得成功。

世界行销大师陈安之在《超级行销》中曾说："态度决定一切，技巧和能力决定胜负。"不同的心态，就决定了不同的人生和结局。

成功源于心态。几乎所有优秀的销售员都有一个共同的特点，就是具有积极的心态。他们运用积极的心态去支配自己的人生，用乐观的精神去面对销售过程中一切可能出现的困难和险阻，从而确保自己不断地走向成功。而现实生活中却有许多销售人员，普遍精神空虚，以自卑的心理、失落的灵魂、失望悲观的心态和消极颓废的人生作前导，其后果只能是一败涂地，甚至永驻过去的失败之中，不再奋发。实际上，积极的心态就是一种进取心，这是一种极为难得的美德，它能驱使销售人员在不被吩咐去做事情之前，就能主动去做应该做的事情。积极的心态并不能保证事事成功，但积极的心态肯定会改善一个人的日常生活。

有位作者记述了这样的经历：

这天一大早，我跳上一部出租车，要去郊区参加一个重要的会议。因正好是高峰时间，没多久车子就被堵在车阵中，此时前座的司机先生开始不耐烦地叹起气来。我随口和他聊了起来："最近生意好吗？"后照镜里的脸垮了下来，声音臭臭的："有什么好？到处都不景气，你想我们出租车生意会好吗？每天十几个小时，也赚不到什么钱，真是气人！"

显然这不是个好话题，换个主题好了，我想。于是我说："不过还好，你的车很大很宽敞，即便是塞车，也让人觉得很舒服……"

他打断了我的话，声音激动了起来："舒服个鬼！不信你来每天坐12个小时看看，看你还会不会觉得舒服！"接着他的话匣子打开了，抱怨生意不好、油价还要上调，社会不公，所以人民无望。我只能安静地听，一点儿插嘴的机会也没有。

第二天同一时间，我再一次跳上了出租车，要去同一个地方参加会议。然而这一次，却开启了迥然不同的经验之门。一上车，一张笑容可掬的脸庞转了过来，伴随的是轻快愉悦的声音："你好，请问要去哪里？"真是难得的亲切，我心中有些讶异，随即告诉了他目的地。他笑了笑："好，没问题！"然而没走两步，车子又在车阵中动弹不得了。前座的司机先生手握方向盘，开始轻松地吹起口哨哼起歌来，显然今天心情不错。

于是我问："看来你今天心情很好嘛！"

他笑得露出了牙齿："我每天都是这样啊，每天心情都很好。""为什么呢？"我问，"大家不都说生意不景气、工作时间长、收入不理想吗？"司机说："没错，我也有家有小孩要养，所以开车时间也跟着拉长为12个小时。不过，日子还是得开心地过，我有个秘密……"他停顿了一下，"说出来先生你别笑我，好吗？"

他说："我总是换个角度来想事情。例如，我觉得出来开车，其实是客人付钱请我出来玩。像今天一早，我就碰到像你花钱请我跟你到关外玩，这不是很好吗？等到了关外，你去办你的事，我就正好可以顺道赏赏关外的景色，抽根烟再走啦！"他继续说："像前几天我载一对情侣去东湖水库看夕阳，他们下车后，我也下来喝碗鱼丸汤，跟着他们看看夕阳才走，反正来都来了嘛，更何况还有人付钱呢？"

我突然意识到自己有多幸运，一早出来就有这份荣幸，跟一位富有激情的司机同车出游，真是棒极了。又能坐车，又很开心，这样的服务有多难得，我决定跟这位司机先生要电话，以便以后有机会再联系他。接过他的名片的同时，他的手机铃声正好响起，有位老客人要去机场，原来喜欢他的不只我一位，相信这位司机的工作态度，不但替他赢到了心情，也必定带进许多生意。因此，换个角度看问题，就会是另一片天空。

积极乐观的心态在整个销售的过程中起着重要的作用，千万不要小视。拿破仑·希尔说过："心态是命运的控制塔，心态决定我们人生的成败。"无论处于何种境地，一份良好的心态总会让你有意外收获。

一个人能否成功，就看他的态度了！成功人士与失败者之间的差别是：成功人士始终用最积极的思考、最乐观的精神和最辉煌的经验支配和控制自己的人生。失败者则刚好相反，他们的人生是受过去的种种失败与疑虑所引导支配的。

在销售行业中，广泛流传着一个这样的故事：

两个销售人员到非洲去销售皮鞋。由于天气炎热，非洲人向来都是打赤脚。第一个销售员看到非洲人都打赤脚，立刻失望起来："这些人都打赤脚。怎么会要我的鞋呢？"于是放弃努力，失败沮丧而回；另一个销售员看到非洲人都打赤脚，惊喜万分："这些人都没有皮鞋穿，这皮鞋市场大得很呢。"于是想方设法，引导非洲人购买皮鞋，最后发大财而回。

这就是一念之差导致的天壤之别。同样是非洲市场，同样面对打赤脚的非洲人，由于不同的心态，一念之差，一个人灰心失望，不战而败；而另一个人满怀信心，大获全胜。

在销售过程中，失败平庸的销售员居多，主要是他们的心态有问题。遇到困难，他们总是挑选容易的倒退之路。"我不行了，我还是退缩吧。"结果陷入失败的深渊。而优秀的销售员遇到困难，仍然够保持积极乐观的心态，用"我要！我能！""一定有办法"等积极的意念鼓励自己，于是便能想尽办法，不断前进，直到成功。

美国联合保险公司有一位名叫艾伦的销售人员，他很想当公司的明星销售人员。因此他不断从励志书籍和杂志中学习培养积极的心态。有一次，他陷入了困境，这是他平时进行积极心态训练的一次考验。

那是一个寒冷的冬天，艾伦在威斯康星州一个城市里的某个街区推销保险单，但却没有一次成功。他自己觉得很不满意，但当时他这种不满是积极心态下的不满。他想起过去读过一些保持积极心境的法则。第二天，他在出发之前对同事讲述了自己昨天的失败，并且对他们说："你们等着瞧吧，今天我会再次拜访那些客户，我会售出比你们售出总和还多的保险单。"

基于这种心态，艾伦回到那个街区，又访问了前一天同他谈过话的每个人，结果售出了66张新的事故保险单。这确实是了不起的成绩，而这个成绩是他当时所处的困境带来的，因为在这之前，他曾在风雪交加的天气挨家挨户走了8个多小时而一无所获。但艾伦能够把这种对大多数人来说都会感到的沮丧，变成第二天激励自己的动力，结果如愿以偿。

积极乐观的心态不是每个人与生俱来的。当你发现自己缺乏乐观心态时，不要失望沮丧，你完全可以通过心理训练，有目的地培养自己积极的销售心态。其中，最有效的办法之一就是经常有意识地和积极乐观的销售员待在一起，从这些人身上获得乐观情绪的感染，调动自己的积极心态，从而把消极的情绪从大脑中排挤出去。正所谓："近朱者赤，近墨者黑。"

无论如何，你要以乐观向上的精神支持你的销售事业，千万不能因暂时的困难或挫折而灰心丧气。逆境过后是顺境，冬天过后是春天。让积极乐观的精神伴你一生，你的销售事业必定会获得成功。

激发潜意识，挖掘你的销售潜能

对销售人员来说，潜意识是深藏在自身精神世界里的一种力量，它与销售关系密切，是通向销售成功的大门。潜意识是一种比知识、外部环境或情况更能推动你销售能力的力量。

研究表明：销售包括15％的知识、专业技能或其他理论因素，也包括另外85％的下意识因素，如态度、自我认识、价值观念，以及其他来自精神和情感的影响。

成功销售员的欲望，许多来自现实生活的刺激，是在外力的作用下产生的，而且往往不是正面的鼓励型的。刺激的发出者经常让承受者感到屈辱、痛苦。这种刺激经常在被刺激者心中激起一种强烈的愤懑、愤恨与反抗精神，从而使他们做出一些"超常规"的行动，焕发起"超常规"的能力。一些销售高手在获得成功后往往会说："我自己也没有想到自己竟然还有这两下子。"

根据研究，即使世界上记忆力最好的人，其大脑的使用也没有达到其功能的1％，人类的智慧和知识，至今仍是"低度开发"！每个人终其一生，都忽略了如何有效地发挥它的潜能——潜意识中激发出来的力量。销售人员就要学会激发自己潜意识中的力量，从而使自己获得强大的力量。

任何人的成功都不是天生的，成功的根本原因是开发人的无穷无尽的潜能。人的潜能犹如一座开发的金矿，蕴藏量无穷，价值无比，每个人都拥有一座潜能金矿，关键是如何来去挖掘和开发。

有一年，某公司雇用了一个不成熟而且缺乏信心的年轻销售员，这位销售员在经过前两个阶段的学习后，对自己能否胜任工作一点儿也没有把握，他正担心经理不发给他"毕业证书"呢。

可是，那位经理在对他讲了"你能干好的"之类的鼓励性的话后，说道：

"喂，你听着，我要把我想要做的事告诉你，我打算让你到街对面的'绝对可靠的预计客户'的住处去销售，以往我也总是把新来的销售员派到那里去销售。理由很简单，因为那个老头是个买主，什么时候都买我们的东西。但是，我要预先警告你，他是一个厚脸皮、令人讨厌、爱吵嘴而且满口粗话的人。你如果去见他，他只是叫嚷一阵而已，实际上他是不会吃你的。所以，无论他说什么，你都不要介意。我希望你默不作声地听着，然后说'是的，先生，我明白了。我带来了本市最好的印刷业务的商谈说明，我想这个说明对你来说，也一定是想要得到的东西'。总而言之，他说什么都没关系，要坚持你的立场，然后反过来讲你要说的话。可不要忘记啊，他在什么时候，都会向我们的销售员订货的。"

这位被打足了气的年轻销售员随即冲过大街叫开门进入屋里，报了自己公司的名字。在头五分钟里，他没有机会讲上一句话。因为那老头不停地给他讲一些无关紧要的事情，一会儿教他某种菜的吃法，一会儿又教他一些莫名其妙的英语词汇。好在这位销售员事先得到过警告，他耐心地等待暴风雨过去。最后他说："是的，先生，我明白了。那么，这是本市面上最好的印刷业务的商谈说明，这样的商谈说明，当然是您想要得到的东西。"这样一进一退的进攻和防御大约持续了半个小时。半小时后，那个年轻的销售员终于得到了该印刷公司从未有过的最多的订货。

当他喜滋滋地把订单交给经理时，他说："您说的关于那位老人的话没错。他是一个厚脸皮、令人讨厌、爱吵嘴、满口粗话的人。可是我要对那位可爱的老人说稍微不同的话：他真是个买主！这是我在公司任职以来获得的最大的一批订货呀。"

经理看了一下订单，满脸惊讶地说："喂，你搞错人了吧？那个老头，在我们遇到的对手中，是最吝啬、最讨厌、最好吵架，而且是最爱说粗话的老色鬼！我们这15年来总想让他买点儿什么东西，可是那个老头连一元钱的东西也没有买，总之，他从来没从我们这儿买一件东西。"

为什么这名销售员能够拿到订单，因为之前经理给他"打足了气"，在他的潜意识里相信那个客户一定会购买产品的，销售员相信了经理的话，这就让他坚定不移的想法和积极的思考信念投射到他的行为上，而他行为上的坚持到底，最终导致了客户真的跟他买产品。

当你坚信客户会买，客户真的就会购买。只要你坚定自己的信念，你的行动力就会变强，你的销售能力也会变强。客户不会主动购买而是被引导购买的。所以你潜在的想法会影响销售的结果。

很多人常会问："最难销售的是什么东西？"我的回答是："最难销售的并不是东西，而是信念。"再好的商品，如果客户感受不到，就算用尽所有的花招，也卖不出去。相反的，当客户认同了你的信念时，再难卖的东西，也会变得非常好卖。因此，在销售之前，我们一定要先找出内心潜在的信念，并且坚持它、相信它！

世界潜能大师博恩·崔西曾经说过："潜意识的力量比意识大三万倍以上。"所以，任何的潜能开发，任何希望的实现，都是依靠一个人的潜意识作用。而运用潜意识的第一个方法，就是不断地想象，改变自我内在的一个影像和图片；第二个影响潜意识的方法，也就是要不断地自我暗示，或是所谓的自我确认。通常，每当你想要实现任何一个目标的时候，就不断地重复地念着它。这样不断地经你反复地练习，反复地输入，当你潜意识可以接受这样子一个指令的时候，所有的思想和行为都会配合这样一个想法，朝着你的目标前进，直到达到目标为止，这是一个非常神奇的概念。

销售业绩都是拿挫折换来的

销售是最容易遭遇挫折的职业。销售人员应以积极、坦然的态度对待销售的失败，真正做到不气馁。而现实中有些销售人员经历了几次失败之后，担心失败的心理障碍愈为严重，以至于产生心态上的恶性循环。实际上，即使是最优秀的销售人员，也不可能保证每一次销售都会让客户做出购买决定。在销售活动中，真正达成交易的只是少数。我们应该充分地认识到这一事实，鼓起勇气，不怕失败，坦然接受销售挫折，才可能产生不同结果。

曾经有一个富家子弟，不希望借助家庭背景发展，打算从最基础工作开始，于是做起了销售员。但在经历了最初的几次挫折后，他不禁萌生退意，想要换别的工作。他的父亲，一位从做销售起家的亿万富翁是这样对他说的："如果你连一件商品都销售不出去，你怎么能成功地销售出自己呢？如果连自己都销售不了，你做什么事情能成功？记住，你可以逃避销售工作，但你能逃避人生吗？"

人生道路，到处布满了荆棘，有着各种各样的挫折，逃避是解决不了问题的。我们只有坚强地去面对、去拼搏，才会获得真正的人生和成功。销售工作也是如此。

销售失败是不可避免的，但问题不在于失败，而是面对失败的态度。有些销售人员把失败看成是自己无能的象征，把失败记录看成是自己能力低下的证明。这种态度才是真正的失败。销售人员面对顾客的拒绝，害怕了，不敢前进。这样，与其说是在一次一次地逃避拒绝，不如说是在一次一次地赶走成功。如果害怕失败而不敢有所动作，那就是在一开始就放弃了任何成功的可能。

刘艳是一名推销高压锅的销售员，每月平均保持销售23台的纪录，这一纪录一直使她倍感骄傲。有一天，刘艳在鱼市上向一位中年人推销，却遭到呵斥，并警告说如果她再不离去，就要把水泼到她身上。刘艳并未介意，还想继续同他讲话，但做梦也想不到的是，那位中年人竟然真把整桶的水毫不客气地倒向了她，使她当众成了一个落汤鸡。受到这种羞辱，她不禁泪珠滚滚："我何必要接受这种耻辱？即使我不做高压锅的推销工作，丈夫的收入也足够养活一家人。在外抛头露面，还碰到这种惹人笑话的事……我……再也不干销售员了！"

刘艳下定了决心。但是，她回家之后就冷静了下来，她觉得自己不能在这种耻辱的面前退却，一股不服输的念头油然而生。经过数天的思考，她终于得出一个结论："目前，我在公司一直是销售冠军，也许，这个工作就是我的天职，很可能是上帝有意的安排。如果我就此停止销售工作，这一生必定死都要受这次失败和耻辱感的缠绕，永远不得安宁。好吧，我绝不为这次事件而气馁，我要一直维持冠军宝座到孩子大学毕业。"此后，刘艳以鱼市上的失败为新的起点，创造了连续15年销售成绩第一的佳绩。至今还没有一个销售员，改写她15年冠军宝座的纪录。正是因为刘艳激发了自己的能力，不向失败低头，才赢得了属于自己的荣誉。

对于销售人员来说，挫折失败简直是家常便饭。优秀的销售人员遭受挫折后，能够很快地调整过来，继续努力。

生活中总有坎坷和困难，销售工作也会遇到各样的问题。事实上，每一次问题出现，都可以看作是提升自身能力的一次考验。当你迈过了这道坎儿，也意味着你的销售水平跃升到更高的层次。所以，销售人员必须学习如何去面对挫折和失败，进而提高转化挫折的力量，化阻力为助力，让自己的心情更健康、生活更充实、工作更卖力。

1. 加强应对挫折的能力

销售工作经常会遇到挫折，谁也不可能保证每次销售都会成功。而这种挫折又往往会影响销售人员的自信心和克服困难的意志。本来再做些工作买卖就可成交了，如果销售员因为刚刚遇到的挫折而灰心丧气，他就很可能会放弃即将会获得成功的努力机会。所以，销售人员应加强自己应对挫折的能力。

2. 调节自己的心理状态

当面对客户的拒绝时，销售人员不应该只解读为自己的能力不够或专业知识不足，而应转变成另一种想法。将客户的拒绝转移成"由于我的成交将会带给客户相当的利益，因此，拒绝是客户的损失。"如此一来，你就可以使被伤害的心灵得到自我平衡。

3. 永远不放弃

在优秀销售员的成功之路上，失败就是路上的一座座桥梁，正是这些桥梁的存在，才使得他们向着伟大的目标不断前进。在面对客户拒绝时，如果你觉得这是一件很可耻的事情，从而中断了自己的前进路程，那么，你将一无所成。除非你自己放弃，否则你不会被打垮。失败了继续坚持，继续努力，你就会成功。

4. 掌握有效的销售技巧

销售人员只有具备一定的销售技巧，才能应付不同的市场需求、面对不同类型的客户群。因此，在将商品销售给客户时，你必须具备各种销售技巧。越难销售的商品，越需要技巧才能达到目的。只要你具备足够的销售技巧，心里自然十分踏实而无所畏惧，如果你能将销售技巧运用自如，挫折与失败当然会愈来愈少。

第二章　提高素养：
先做好自己，再去做销售

做自己情绪的主人

情商的一个重要的内容就是掌控情绪。掌控自我情绪是一种重要的能力，也是人区别于动物的重要标志。

在销售过程中，很多时候，坏事的不是你的能力或智慧，而是你没有控制住自己的情绪。面对不好对付的客户，你失去了耐性，最后把局面搞砸；面对客户提出的异议，你怒火攻心，最后说了不该说的话。可见，失去了情绪控制能力，销售人员必然一事无成。

曾经有一位美国经理负责管理印度尼西亚海洋的石油钻井台。一天，他看到一个印尼雇员工作表现比较糟糕，就怒气冲冲地对计时员说："告诉那位混账东西，让他搭下一班船滚开！"这句粗话使这位印尼雇员的自尊心受到极大伤害，他被激怒了，二话不说，操起一把斧子，就朝经理杀来。经理见状大惊，连滚带爬地从井架上逃到工棚里。那位雇员紧追不舍，追到工棚，恶狠狠地砍倒了大门。这时，幸亏钻井台的人及时赶到，力加劝阻，才避免了一场恶战和灾祸。

这位美国经理掌控不住情绪，不管三七二十一发泄一通，结果搞得场面十分难堪。事实表明，带着情绪沟通常常无好话，既理不清，也讲不明，尤其是情绪激动时，很容易冲动而失去理性。

同样的道理，在与客户沟通中，70%是情绪，30%是内容。情绪不对，内容就会被扭曲。纵有一肚子的情愫，没有良好的情绪，说得再多也只是发泄。所以说，情绪会影响销售效果。

良好的情绪状态，是保证销售活动正常进行的必要条件，举止得体、情绪稳定，让人感到易于接近、感情容易沟通；否则，喜怒无常，则成为销售工作的障碍。

拉斐尔气坏了。他曾经要求他的销售团队对面临的竞争进行评估，分析自己的实力和不足，而他所看到的却是，团队提交的分析又是平庸陈腐的老一套，他们的建议非常肤浅。

他完全被激怒了，他一把抓起电话机，把它狠狠地丢出了办公室。很自然，他的销售团队被他狂怒的反应吓坏了。拉斐尔之所以会大动肝火，是因为他刚刚经历了一项改善他的团队管理的活动，在这个活动中，他们的工作任务没有完成，这使拉斐尔的情绪非常坏。

不幸的是，他又碰到这件事情，于是，积累下来的情绪就一起爆发出来，以至于事情变得如此糟糕。拉斐尔明智地认识到，自己需要自我控制和自我调整。在冷静了一段时间后，他辨别出触发他作出愤怒反应的原因，以及如何控制过去偶发事件带给他的积怨。

他开始认识到，当他从总公司参加会议回来后，就一直处于最坏的情绪状态中。但是如果他能在会议以前，事实上是在发表意见以前，花几分钟的时间放松一下自己，他根本就不可能发火。

有了这个教训以后，他在遇到不顺心的事情时，或者面对压力时，总是用40分钟的时间，到附近的公园走一走，使自己平静下来。在参加会议时，如果他感觉到愤怒开始困扰自己，就立刻开始做深呼吸，或者通过把手压在臀部下面等方式来控制自己。这些放松行为，最起码能够阻止他提出最冲动的反对意见，阻止他采取激愤的过激行为，比如夺门而出。在完全接受了控制自我情绪的观点以后，他逐渐掌握了控制和调整自己的情绪和行为的技巧。

人应该学会控制自己的不良情绪，调动自己的积极情绪，这样才能对工作充满热情、对生活充满自信，做事有效率并可以通过自己的智慧取得一个又一个成功。

卡耐基说："学会控制情绪是我们成功和快乐的要诀。"能否控制自己的情绪是一个人心理素质的体现。有效地管理和调控自己的情绪，就能够改变自己的处境，面对不如意的现实。

销售工作并非一帆风顺的，当销售工作发生意外、遇到挫折的时候，最重要的是保持一份乐观、单纯的心态，这是渡过难关的法宝。学会调节自己的心情，保持乐观的工作态度，才能不被沉重的工作压力击垮。

下面是控制情绪的一些具体方法：

1. 控制自己意识

当愤怒情绪即将爆发时，要用意识控制自己，提醒自己应当保持理性，还可进行自我暗示："别发火，发火会伤身体"，情商高的人一般能做到控制。因为人的意识能够调节情绪的发生与强度，情商高的人往往比情商低的人能够更有效地调节情绪。一个人要努力以意识来控制情绪的变化，可以用"我应……""我能……"加上要想办的事情来调控自己的情绪。

2. 转移情绪

销售行业竞争激烈，每天面对的是常人难以想象的挑战，难免有挫折和失误，也少不了烦恼和苦闷。此时此刻，应迅速把注意力转移到别的方面去。比如有时碰到不顺心的事情或与客户发生争吵，不妨暂时离开一下现场，换个环境，或者同别人去侃大山，或者参加一些文体活动，娱乐娱乐。这样很快就会把原来的不良情绪冲淡以至赶走，而重新恢复心情的平静和稳定。

3. 换位思考

换位思考，即站到对方的角度上想问题，与他人互换角色、位置。俗话说："将心比心。"通过心理换位，充当别人的角色，来体会别人的情绪与思想，这样就有利于防止不良情绪的产生及消除已产生的不良情绪。与客户发生矛盾的时候，我们也可以站在客户的角度想一想，可能就会觉得对方的行为情有可原。这样，不良情绪就会减弱，甚至消失了。

真诚是销售的金钥匙

人与人之间的交往贵在真诚，只有真诚相待才能够使彼此长久相处。以心换心，你怎样对待别人，别人就会怎样对待你。在销售活动中，也应该遵循这样的心理原则。做销售员首先要做一个真诚的人。

何谓真诚？真诚就是真实、诚恳、实事求是，没有一点虚假。如果一个销售员拥有了真诚的品质，他就会交很多的知心朋友，他的销售之路也会越走越宽。

在销售中，只有当客户感受到你的诚意时，他才会打开心门，接收你要表达的内容，彼此之间才能实现沟通和共鸣。如果销售人员言谈话语中缺乏诚意，就会让客户觉得你是在欺骗他，销售自然处于不利的地位，真诚是一种难得的品质，同时它也是销售员的基本素养。销售服务是一种人与人之间的文化的沟通和互动。而且，销售服务的过程，本身就是一个创造善、提供善、追求善的过程。离开了真诚，一切的服务终将失去意义。所以说，紧扣着"真诚"的服务，销售人员就能打动客户，创造服务价值。

有一年，王娜去日本旅游，逛到一家百货公司的皮鞋部，进口处有一堆鞋子，标着"超级特价，只付一折即可穿回"。

王娜瞥见一双漂亮的大红鞋子，拿起来一看，简直令人不敢相信，原价7000元的鞋子只要70元。她试了试，觉得皮软质轻，实在是完美无瑕。更可爱的是，身上的红外套，倒像是为这双鞋定做的。

她把鞋捧在胸前，然后招手呼唤服务小姐。工作人员笑眯眯地走了过来："您好！您喜欢这双鞋？正好配您的红外套。"接着，她伸出手说："能不能再让我看一下？"王娜把鞋子交给她，不禁担心起来，问："有什么问题吗？不会是价钱弄错了吧！"那位服务小姐赶紧安慰说："不不，别担心，我只是要确认一下是不是那两只鞋。"王娜说："什么叫两只鞋，明明是一双啊。"

那位小姐诚实地说："既然您这么中意，而且打算买了，我一定要跟您说明一下，把真实情况告诉您，请到旁边坐。"

两个人来到一个僻静的角落坐下。服务小姐真诚地对王娜说："谢谢你购买我们的产品。不过，非常抱歉！我必须让您明白，它真的不是一双鞋，而是相同皮质，尺寸一样，款式也一样的两只鞋。"

王娜听了心里一惊，这位服务小姐继续说："您仔细比较一下，虽然颜色几乎一样，但是，还是有一点色差。我们也不知道是否以前卖鞋时，销售员或者顾客弄错了，各拿了一只，所以剩下的左、右两只正好又能凑成一双。我们不能欺骗顾客，免得您回去发现真相以后，后悔而责怪我们，如果您现在知道了而放弃，您可以再选别的鞋子。"

听完这番真挚的话，王娜显然被感动了，她被这家百货公司真诚的服务态度折服。转念一想，穿"两只鞋"又不是立正齐步走，或是让人蹲下仔细比较两边色泽，既然价格这么便宜，质量也不错，还是买了吧。

最后，王娜拉住服务小姐的手，也真诚地说了一声"谢谢"，感谢她对自己的诚恳态度。接着，她除了买那"两只"鞋以外，又买了"两双"其他款式的鞋子。

几年后，王娜每次看到那"两只"鞋，仍然把它们当作最爱。如果有人称赞那双鞋颜色漂亮、款式大方，王娜仍旧不厌其烦地讲述那个动人的故事。唯一的后遗症是，每次她到日本时，总喜欢抽空去那家百货公司捧回两三双鞋。

　　只要真诚对待对方，才能赢得对方的信赖。有些时候，客户之所以拒绝销售员的产品，就是因为其销售的商品有瑕疵，有缺陷。这时候，销售员与其遮遮掩掩，不如真诚地指出，向客户说明，客户可能会感到意外，但还是会被你的真诚所感动而决定购买你的商品。

　　真诚是赢得客户好感的最好的方法。当你真诚对待客户时，你就赢得了客户的信任，建立起人际信赖关系，客户也就可能由信赖你这个人而喜欢你推销的产品。

　　初入保险业时，贝斯以为自己的前途光明，因为他的指导员是科伦斯先生，40年来他一直是公司的销售之冠。他最非凡之处在于，别人总是愿意信任他。人们总觉得："他值得信赖，他对这门生意很熟，跟他合作不会吃亏。"贝斯第一次见他就有那种体会，但知道为什么，却是后来的事了。

　　有一笔生意，是在贝斯失去信心、准备退出时联系的。顾客很客气地跟他说："你一个月后再来，那时可能会签合同。"贝斯已经有一些经验了，知道又没戏，没有勇气再去，但不了了之又不妥。进退两难时，他决定向科伦斯先生求助。看贝斯一脸倒霉气，他心有不忍，便答应陪他走一趟。完全没有想到，他轻轻松松就把生意谈妥了。他的示范动作让贝斯激动，也沾他的光，贝斯得到259美元的佣金。

不过才几天，就传来坏消息，说顾客身体原因，合约要暂缓。贝斯向科伦斯先生请教："我们该不该告诉顾客，这是不符合规定的？如果不告诉他，他不会知道的。"科伦斯先生很平静，说："这样做肯定可以，但不能那么做，你还不明白其中的差别。"

他带上贝斯立即去拜访顾客，陈明其中要害，并对顾客说："希望你能慎重考虑一下，因为我确信这份保险对你是有益的。"那位顾客大受感动，当即签了支票，交付了一年的保险费。在贝斯看来，科伦斯先生的示范行动胜过让他参加千百场演讲，他让贝斯明白了别人为什么总是信任他。他让贝斯真正领悟到什么叫真诚。看着他坦然的目光，你不能不信。

作为一个销售人员，光有热情是不够的，除此之外更重要的是要心怀真诚。现实生活中，有一些投机取巧的销售员总是通过推销一些伪劣商品，用欺诈的手段蒙骗顾客，获得一时的利益，但最终还是落得被人唾弃的后果。松下幸之助先生曾说："在这个世界上，我们靠什么去拨动他人的心弦？有人以思维敏捷、逻辑周密的雄辩使人折服；有人以声情并茂、慷慨激昂的陈词去动人心扉……但是，这些都是形式问题。我认为在任何时间，任何地点，去说服任何人，始终起作用的因素只有一个，那就是真诚。"

不管你推销什么商品，都要始终真诚地面对自己的客户。真诚是打开别人心灵的金钥匙。你对人真诚，别人也会真诚待你；你敬人一尺，别人自会敬你一丈。在销售中，只有以诚待人，才能在感情上引起客户的共鸣，才能相互理解、接纳，并使关系进一步巩固和发展，从而获得销售成功。

热情的人，很难被人拒绝

对一名销售员来说，成功的因素很多，而居于这些因素之首的就是热情。没有热情，不论你有什么能力，都发挥不出来。

销售是一份十分需要耐力和坚强意志力的工作，每一天都需要你充满热情。分析许多从事销售的人，一段从业日子之后，便销声匿迹了，这主要与"三分钟热度"有关。每天遭受拒绝的痛苦，意志力薄弱的销售员，在客户一声声"不要"中，只好打退堂鼓。他们失败的原因就是缺乏热情。

心理学家发现，"热情"是最能打动人、对人最具吸引力的特质之一。一个充满热情的人很容易把自己的良性情绪传染给别人。热情像一团火，可以照亮别人，感染别人，也可以使自己得到力量。在任何时候，保持热情总会让你受益匪浅。

罗伯特·苏克是一个十分棒的保险销售员，后来创办了美国经理人保险公司。

有一次，他手下有个叫比尔的销售员当着大伙的面，抱怨自己负责的那块销售区域不好。他说："我逐一访问了那个地区的20个销售对象，但一个也没成功。所以我想换个区域试试。"罗伯特则不以为然，他说："我认为并不是区域不行，而是你的心态不行。""我敢打赌，没有人能在那个地区做成买卖。"比尔固执地说。"打赌？"罗伯特说，"我最喜欢接受挑战！我保证一周之内，在你那20个名单目录中做成至少10桩买卖。"

一周后，罗伯特当众打开公文包，就像玩魔术似的，大会议桌上排了16份已签的保险合同单！大家惊呆了。"你到底是怎么做的？"比尔问。

"当我去拜访每一位顾客时，先自我介绍：我是保险公司的销售员。我知道，比尔上个星期到你这儿来过一趟。但我之所以再来拜访你，是因为公司刚刚出台一套新的保险方案，和以前的方案相比，它将给顾客带来更多的利益，而且价格一点儿也没变。我只想占用你几分钟时间，给你解释一下方案的变动情况。"

"在他们还来不及说不时，我就先取出我们的保险方案——其实还是以前的那本手册，只不过我重新又抄了一遍而已。我也是先逐条解释保险条款，只不过我倾注了极大热情。关键处我便加重语气强调：'你可看好了，这是新增条款现在你该明白两者的区别吧？'每次顾客都回答：'不错，还真和上次的不一样。'我接着说：'再看看这条，这又是一个全新条款。你认为这条怎么样？'顾客再次回答：'真是有些不一样！'"

"于是我继续解释下去：'下面这条你可尤其注意了，这可是一条最让人激动的条款！'就这样，我满腔热情地向他们销售。当所有保险内容都解释完之后，顾客已经被我的热情所感染。变得和我一样兴致勃勃，每个人都非常感谢我带给了他们全新的保险方案，即便是那个没签保险合同的顾客也是这样。"

热情产生动力，动力决定一件事的结果。在销售过程中，尤其是跟客户讲话的时候，绝对要热情，这也是成功的基本要素之一。热情最能够感化他人的心灵，会使人感到亲切和自然，能够缩短你和顾客之间的距离。

热情是世界上最宝贵的财富，没有其他任何东西能让人勇敢、精力充沛，引起别人的好感了。在销售中，如果你可以让客户感受到你的热情，那么客户也会被你的热情所感染，自然会对你亮起绿灯。商品是没有生命的东西，但客户却是有血有肉的人，会被热情所打动。热情还可以弥补销售员自身的不足。即使是缺乏销售经验的销售新人，也能凭着不可抗拒的热情不断地将产品推销出去。总之，销售人员只有用热情感染客户，销售事业才会犹如神助。无论是国际品牌的推广还是做小买卖的摊贩，热情都能创造交易。因为感性诉求永远能打动客户的心！

　　塞克斯是美国马萨诸塞州詹森公司的一个销售员，凭着高超的销售技艺，他叩开了无数经销商森严壁垒的大门。有一次，他路过一家商场，进门后先向店员作了问候，然后就与他们聊起天来。通过闲聊，他了解到这家商场有许多不错的条件，于是想将自己的产品推销给他们，但却遭到了商场经理的严厉拒绝，经理直言不讳地说："如果进了你们的货，我们是会亏损的。"塞克斯岂肯罢休，他动用了各种技艺试图说服经理，但磨破嘴皮都无济于事，最后只好十分沮丧地离开了。他驾着车在街上溜达了几圈后决定再去商场。当他重新走到商场门口时，商场经理竟满面堆笑地迎上前，不等他辩说，马上决定订购一批产品。

　　塞克斯被这突如其来的喜讯搞懵了，不知这是为什么，最后商场经理道出了缘由。他告诉塞克斯，一般的销售人员到商场来很少与营业员聊天，而塞克斯首先与营业员聊天，并且聊得那么融洽；同时，被他拒绝后又重新回到商场来的销售人员，塞克斯是第一位，他的热情感染了经理，为此也征服了经理，对于这样的销售人员，经理还有什么理由再拒绝呢？

　　如果你选择了销售行业，你就避免不了经常性地遭到失败和拒绝，如果你对销售工作没有一点狂热的激情，苦苦挨到发薪的那天，你会得到令人失望的结果。你的收入是与你提供给客户的服务数量来决定的。较少的服务＝较少的收入，更多的服务＝更多的收入。所以说，如果销售人员对所从事的销售工作没有狂热的热情投入，就不可能在销售中获得巨大的成功。

　　热情是销售成功的一个重要因素。统计表明，热情在销售工作中所占的分量很重。有的情况下，热情的作用甚至超出了销售员对产品知识的了解和掌握。但遗憾的是，很多销售员在销售的过程中并没有表现出足够的热情。可以说，经验和热情很少同时存在同一个人身上，这就证实了这种说法："熟而轻之。"长久地从事销售行业，可给你带来丰富的销售经验，但同时也可能磨灭你的热情，使你变得越来越机械。所以你必须想办法加以克服，使自己的热情之火永不熄灭。

品德是金，决定销售的成败

品德是一个人的桂冠和荣耀。这是一种最高贵的财产，也是事业成功的基础，对销售事业来说尤为如此。一个销售员必须是一个道德高尚的人。销售是一个与人交往的活动，顾客喜欢并信赖那些有良好品德的人。

一家世界最大的轮胎公司，曾以它的500家主要代理商老板为对象，做了一次问卷调查，问题是："到你店里来的推销员中，你认为哪一种人最受欢迎？"结果，50%以上的答案是："我最喜欢人品好的推销员。"这说明，成功的推销，不只是取决于商品质量、交易条件、推销技巧，而且也取决于推销员的人品。

被轻工部授予"改革闯将"的苏州电扇总厂销售部经理潘仁林总结出的一条销售准则是："推销产品，更是在推销你的人品。优秀的产品只有在具备优秀人品的销售人员手中，才能赢得长远的市场。"可见，人品是销售事业成功的基础。

向顾客推销你的人品，就是销售人员要按照社会的道德规范和价值观念行事，要表现出良好的道德品质：热情、善良、勤奋、自信、有毅力、懂自尊、待人诚恳、乐于助人、谦虚谨慎、尊老爱幼、富有同情心……

向顾客推销你的人品，最主要的是向顾客推销你的诚实。现代推销是说服推销而不是欺骗推销。因此，推销的第一原则就是诚实，即古人推崇的经商之道——"童叟无欺"。诚实是赢得顾客好感的最好方法。顾客希望自己的购买决策是正确的，希望从交易中得到好处，害怕蒙受损失。如果顾客在觉察到销售人员说谎、故弄玄虚时，出于对自己利益的保护，就会对交易活动产生戒心，结果极可能使销售人员失去那笔生意。

以一个服装零售店的普通推销员为例。一个顾客在试穿一件外套，"它看上去怎么样？"他用一种高兴的口吻问那位推销员。

"不错，很好。"那位推销员回答道。

然后，这位顾客又试了一件裁剪样式全然不同的衣服。如果他表现出对它感兴趣的样子，那位推销员就会附和他的观点，它就是他应该买的那件外套。很快这位顾客就意识到了那位推销员的建议是没有价值的，这件衣服究竟看上去如何，合身与否，他是不会对他说真话的，他唯一的目的是把东西卖出去。当顾客明白了这一点的时候，自然他是不会在那儿买的。他会去另一家服装店，或者去找一个跟他说实话的推销员。

缺乏绝对的诚实常常使推销员处于不利的地位。事实表明，一个品质恶劣的销售员所造成的损失是多方面的：既损害客户利益，也损害企业利益；既会造成经济损失，也会破坏企业声誉。在销售实践中，那些品质不好、行为不端的销售员给企业和客户造成极大损失的实例比比皆是。松下幸之助说得好："销售员能力不够，还能培养与训练，而品德不好的话，就会影响整个企业的信誉。"道德常常能弥补智慧的缺陷，而智慧却永远填补不了道德的缺陷。

优秀的品德是个人成功最重要的资本，是人最核心的竞争力。具有优秀品德的人，总是会时常从内心爆发出自我积极的力量，使人们了解他、接纳他、帮助他、支持他，使他的事业获得成功，使他受到人们的尊重和敬仰。可以说，好的品德是推动一个人不断前进的动力。

销售人员与顾客打交道时，他首先向顾客推销的不是产品，而是自己的人品。销售人员的个人品质，会使顾客产生好恶等不同的心理反应，从而潜在地影响着交易的成败。

日本山一证券公司的创始人小池田子说："做生意成大事者第一要诀就是诚实，诚实像是树木的根，如果没有根，树木就别想有生命了。"这确是小池的经验之谈，他正是因诚实而起家的。小池田子20多岁时开小池商店，同时替一家机器制造公司当推销员。有一个时期，他推销机器很顺利，半个月内便跟33位顾客签订了契约，并收了定金。之后，他发觉所卖的机器比别的公司出产的同样性能的机器贵，感到很不安，立即带订约书和定金，整整花了3天的时间逐家逐户去找订户，老老实实说明他所卖的机器价钱比别人卖的机器贵，请他们废弃契约。这使订户深受感动，结果33人中没有一个废约，反而对小池田子极其信赖和敬佩。消息传开，人们知道小池田子经商诚实，纷纷前来他的商店购买货物或是向他订购机器。诚实使小池田子财源广进，终于成了大企业家。

具备良好的人品，是销售事业成功的基础；而待人真诚与否则是衡量人品好坏的重要标志。

销售人员要赢得顾客的信任和喜爱，必须真诚地对待顾客。日本推销大王齐藤竹之助认为，即使语言笨拙，只要能与对方坦诚相见，也一定能打动对方的心灵。顾客不是为你的推销技巧所感动，而是为你的高尚人格所感动。如果成为让顾客信任的销售人员，你就会受到顾客的喜爱，而且能够和顾客形成亲密的关系。一旦形成这种关系，顾客就会因为照顾你的情面，自然而然地购买你的产品。所以，销售人员在做推销时，一定要给客户以真诚的印象，只有这样，才能赢得顾客的心，进而向其推销产品。

　　古希腊哲学家亚里士多德说过，人要获得幸福的首要条件就是需要有高贵的品德，幸福不是一时的快乐，而是制定一个目标，用自己优良的品德、生活的智慧、勤劳的工作去实现它。而美德正是实现这一目标最关键的元素。美德就是诚实，善良，勇敢。而获得这些美德所需要做的就是一直做正确的事情，不为外力所左右，不为私利而动摇，让道德成为一种习惯。

　　品德是人生最大的财富。即使你家产万贯，即使你位高权重，即使你知识渊博，如果你缺失了美好的品德，你将永远沦为平庸，因为只有拥有了美德，你才是真正意义上的人。

诚实守信才能赢得客户的信任

　　有这样一个小故事：

　　有个商人去南方采购了一批货，通过水路往外地销售，船在河中顺风行驶，忽然浓云密布，狂风骤起，大雨倾盆。商人走出船舱查看自己新采购的货物，一波大浪袭向船头，把他打落到水中。商人在水中挣扎着呼喊："救命呀！"一个渔夫听到喊声，急急忙忙把船摇过来救人。商人看到渔夫，大声喊道："快来救我，我给你100两白银。"渔夫把商人救起来，送进船舱，商人换好了衣服，拿出10两银子送给渔夫，说："拿去吧！这10两银子够你用半年了。"

渔夫不接银子，看着商人说："刚才你在水中承诺说，把你救起来给100两银子，而不是10两银子。"商人满脸不高兴地说："你也太不知足了，你一天捕鱼能赚几文钱？现在一下子捞了10两银子，不少了！"渔夫说："事是这么回事，理却不是这个理。你刚才不许诺给100两银子，我也会救你一命，但你既然说给100两银子，我希望你不要失信。"商人摇摇头，跳进船舱，不再理会渔夫。渔夫长长地叹口气，回到渔船。

一年后，商人载货碰巧又在河中与渔夫相遇。两个人都想起了去年那件不愉快的事。商人说："我给了你10两银子，你为什么不用来当本钱？"正说着，商人的船触礁了，船舱进水，船渐渐下沉。商人急得团团转，大声对渔夫说："快来救我，这次我给你300两银子，保证不失信。"渔夫摇橹从商人旁边划过去，回头不疾不徐地说："叫信得过你的人来救命吧！我不要你的银子，也不救你这种不讲信用的人。"很快，商人随着沉船消失在滔滔河水中……

这个故事告诉我们诚信的重要性。商人因为自己不讲信用而丢失了性命，这不是别人的错误，而是他自己酿成的恶果。在销售活动中，守信可以说是销售员的生命，如果失去了信用，也许一笔大买卖就会泡汤。

在信息高速发展的时代，如果销售员耍小聪明、小手段是很容易被客户识破的，即使偶尔取得成功，这种成功也是短暂的。要想赢得客户的信赖，诚信才是永久、实在的好办法。

吴涛是某汽车公司的销售员，虽然其貌不扬，工作也不过2年时间，但是他的客户资源、销售资源以及销售业绩却非常让同事美慕。作为公司的销售冠军，吴涛到底是怎样赢得客户，赢得业绩的呢？

他的一位忠实客户王先生是这样说的："我看上了××型号的车。在选车之际，其他竞争车型列举出了很多关于这部车的缺点，并且劝我购买其他型。竞争品牌这种相互挑刺儿的行为，在我们看来很正常嘛！但是我来到了吴涛所在的分店，谁知这位销售员竟然没有说其他车型的毛病，而是很客观地介绍了车型之间的优势与劣势，并且问我更看重哪一点，把决定权交给了我。面对这样的销售员，我自然选择了他的车。最让我感到亲切的是，提车那天，再过最后一道检查程序的时候，发现新车密封胶条有开胶现象。于是在吴涛与公司专业的汽车检验人员协助之下，立即为我换了一辆新车。像这样讲诚信的销售员不多见了，我甘愿做他的忠实客户。"

另外一位给吴涛介绍很多客户的张女士也说："我购车的时候，吴涛曾经向我承诺，如果我购车，将在提车时赠送我车内的装饰礼包，我觉得很划算，就立即订了车。但是最后因为厂家发货有期限，我去提车的时候，装饰礼包还没有到店。吴涛为了兑现自己的承诺，竟然自己出钱购买了同样品质的车内装饰，并且为我安装好。像这样负责的销售顾问，我没有理由不信任他。因此，我就将自己的朋友介绍过来，他们对我很感谢，因为他们也体会到了这样好的服务。"

不仅这两位客户，只要是与吴涛有过交易往来的客户，他们给予吴涛的评价都很高，也同样很信任他，这也是吴涛业绩好的主要原因。

对于销售员来说，成交是我们的最直接的目的，但它不是唯一的目的，我们只有建立个人的诚信体系，才能获得更多的经济效益！

所以，要想推销出更多的产品，首先要学会推销自己的诚信。一个优秀的销售员往往是个品德高尚、素质优秀、诚实守信的人。诚信是一个销售员应该具有的最基本的品质，只有诚实守信才能赢得客户的信任。

那么，销售员怎样做才算得上是一个诚信的人呢？

最重要的是要敢于讲真话。销售工作就是需要靠信任及个人接触去培养关系，进而产生推销，所以，销售员必须说一是一，说二是二，来不得半点虚假，这样才能争取对方的信任。虽然销售员可以对产品性能、质量和用途等适当地做一些广告性的宣传，但绝不能失实，不能像街头卖狗皮膏药者那样胡编乱吹，更不能因买方需求迫切而有意抬价，应根据自愿的原则达成协议价格。只有这样，才能在成交后，让客户觉得与你进行的交易是安全的和信得过的。

但是，在销售行业中，我们经常会看到一些销售员为了能够推销出更多的产品，随意夸大产品的效果，过度吹嘘产品功能，对产品的一些弊端却遮遮掩掩……总之，在推销过程中，销售员总是会不由自主地说出一些假话。比如，只说客户想听的话，即便这件产品并非很优秀，也说得像是完美无缺。这些谎言很容易误导客户选择产品。但是，"吃一堑，长一智"，客户下次就不会再信任你的话。一个优秀的销售员不会卖弄他的口舌和手腕去欺骗客户，因为这样绝不会做长久。在任何时候，诚信都是最宝贵的品质。

诚信是获得别人信任和尊敬的基本因素。虽然优雅的风度、一定的社会地位、曾经的善举、渊博的知识和丰富的经历等优势，都能够让我们赢得他人的尊敬。但是，只要你讲的一个谎话被拆穿，这些所有的优势都会一扫而光。所以，只有拥有诚信的优秀品质，才会获得别人的信任，人们才会因为相信你的人品而相信你的所作所为，你的业务才会有较大的发展，否则任何光环在别人眼里都会打上问号。

销售，归根到底是赢得和留住客户。任何拔苗助长、急功近利的做法，都只会使客户远离。我们希望广大销售员能够一如既往地努力学习产品知识，切实提高服务技能，诚信推销，凭借优质的产品和专业的服务赢得忠实、稳固的客户群体，从而为个人事业的长远发展打造更坚实的基础。

培养优秀销售员的良好习惯

习惯对人的影响是显而易见的，要想成为一名优秀的销售员，必须得养成良好的习惯。如果说销售技巧是外在表现，那么销售习惯就是内在修养。

好习惯可以体现在很多方面，下面列举一些非常典型和影响最深的习惯。

1. 订目标，达目标

目标就是工作的方向，知道自己最终要达到什么目的。一个没有目标的人，就好比大海中航行的船只没有指南针的指引，永远靠不了岸。学会每年、每月、每周、每天给自己制定一个切实可行的目标，并尽自己最大的努力去实现，天天坚持着做，一年后，三年后，五年后，你将会积累一个大大的、成功的目标，并自己为之骄傲。

2. 编织人际关系网

人际关系同样是生产力，更是快乐的源泉。因此，为了拥有更宽广、更具层次的人际关系，销售人员要给自己列出人际关系打造计划。比如运动圈、音乐圈、时尚圈、管理圈、美食圈、旅游圈等等，各种不同的圈子里都要有一两个自己最知心、最了解、最和谐的朋友。这样一来，不管你遇到什么困难，要办什么事情，都有圈子里的朋友能帮助你。

3. 凡事做好充分准备

成功是属于有准备的人。做任何事，见任何人之前，都要做足充分的准备。准备好你的心态，准备好你的时间，准备好你的精力、资料、知识，这样你将会获得更有大的成功。

4. 注重工作质量

做事情，干工作不在于做到多少，更在于做有意义、有价值的工作。因此，平常形成高品质的工作风格，提升自己的工作效率，实际等于在提升工作绩效。

5. 帮助他人成功

销售就是帮助别人成功。以帮助客户成功为目的，客户就不会感受到你的功利，并且有被帮助的感觉。以一颗帮助别人的心做销售，你将会得到更多。一定要记得：帮助他人其实就是在帮助自己。你将会获得更多的快乐、友谊、朋友、关爱和宽容。

6. 定期与朋友沟通，联络感情

朋友之情重在联系，如果平时不联系，感情的交流就会停滞甚至倒退。因此，编织好自己的人际圈子，并不断扩大的同时，定期与自己圈子里的朋友保持联系，比如常打打球，看电影，喝咖啡，吃饭，结伴旅行，沟通聊天，做有益的事情。常来常往，朋友才会感情更深厚，推销时才不会感到尴尬和陌生。

7. 勇敢和自信

一个成功的人，一定是一个勇敢的人、自信的人。具有勇敢和自信品格，一定会使你在推销中攻无不克，战无不胜，创造神奇。所以，要不断修炼你的自信心和勇气，使自己在推销的时候，更能把握机会，创造成功。

8. 养成列清单的习惯

对每天的工作，重要的事情，约见的客户，一定要按轻重缓急的顺序列一个清单，并在计划的时间内去完成，养成做事有条理、专注、坚持的好习惯。

9. 尊重他人

人与人之间是平等的，没有高低贵贱之分。因此，一个时常能尊重他人的人，一定能赢得他人的尊重。切记，勿居高临下，目中无人，谦虚的心怀是人际的通行证。

10. 学会分享

做一个善分享的人。你的心得、才华、能力、经验、感知、经济、新闻、意识、激情等都要及时与好朋友分享，分享也是提升自己能力的一种成功法宝。

11. 建立自己的品牌美誉度

产品要获得消费者的认可必须靠卓越的品牌。一个人要获得亲朋好友、上司、同事和部属的认可同样靠卓越的个人品牌。如果你想树立良好的个人品牌，就要让自己每天必须做好四讲：讲诚信、讲品格、讲礼貌、讲实话。

12. 谦虚谨慎，不骄不躁

满招损，谦受益。做人做事戒骄戒躁，保持谦虚，会获得更好的资源、更好的理解、更好的认同。骄傲自满是一个可怕的陷阱，使人不能自拔，以致招来失败的祸殃。所以，你若想成功，就必须保持谦虚谨慎，加强自我修养，不让骄傲自满阻碍发展。

13. 凡事及时跟进

对上司、朋友、同事、部属、亲友、家人交代过的事，相互知晓过的人和事，都要保持及时跟进，不能没有下文，不了了之；要给对方一个满意交代和回复，才能获得他人的信任。因此，有效跟进也是必备的做事风格。

14．做人讲诚信，做事讲责任

平时保持做人的诚信，一言九鼎，兑现承诺，对做不到的事也要告之他人，并客观说明理由。做任何事都要负起责任，养成负责的习惯，别人同样会对你负责。

15．养成每天朗诵10分钟的好习惯，提高语言流利度

坚持朗诵，会提高自己语言流利程度：一种可以与任何人，在任何情况下都自信沟通的能力。这是许多成功人士的共同特征。因此，每天给自己10分钟，获得更好的表达技能，使自己在公众场合更自如地表达和沟通。

16．保持倾听好习惯

沟通的技能不是在于你有多会说，更要善听。能听懂对方的意图、想法和目的。这样才能更好理解别人，才能被他人理解，才能达成和谐的沟通。

17．保持专注、专业

成功的人都是专注的人，都是专业的人。这世界上只有专家才是赢家。简单的事重复地做，就可能成为专家；而重复的事能认真地做，就可能成为赢家。保持专注，提升专业，做人生的赢家。

18．多与优秀的人交往

"近朱者赤，近墨者黑"，要想成为一流的销售员，我们就

应该与优秀的人多来往，这样会在无形之中激励我们成长，会让我们不由自主地向优秀之人靠近，不时地吸收大量新知识，缩短与优秀之人的距离。这是一种磨炼，更是一种成长。重要的是，从优秀的人身上我们可以学到很多书上没有的知识，分享他们的成功要素，从而提高自己的销售技巧，将会更加有助于自己的成长，对自己的推销也会有很多的指导作用。

19．坚持每天看书30分钟

古语云：书中自有黄金屋。坚持读书，读精品书，并能静下来思考，不断扩充知识面，提升见识，做到每天点点滴滴积累，就会有朝一日获得一日千里的长进。

20．每天保持愉悦平和的心态

人有喜气，脸上必有愉色，愉色生宛容，宛容生和气，和气生财。因此，先解决心情，才能做好事情。好心态，好心情，才会有好人际，好友谊，好前程。

总之，凡是成功必定有一定的条件，要成为一个优秀的销售员并不难，只要掌握影响推销成功的关键因素，并养成良好的习惯，成功就在不远处。

为了提高销售业绩，必须不断学习

销售高手都是注重学习的高手，通过学习培养自己的能力，让学习成为自己的习惯，因为，成功本身是一种习惯和能力。

古人云："活到老学到老。"今天是一个信息爆炸的社会，虽然每一个销售人员所在的环境不同，但无论哪一个环境都需要知识，这些知识不是先天具备的，也不是我们一劳永逸的，需要我们不断学习、不断更新。学习能力是一个销售人员成功的前提和基本条件。

销售高手博恩·崔西说："对销售我不感到畏惧，但是仅仅努力工作是不够的，还要不断学习。"过去我常常跑写字楼挨家挨户进行推销，这样我能接触到更多的人，学到更多的东西。

善于学习和总结的人是进步最快的人。学习的最大好处就是：通过学习别人的经验和知识，可以大幅度地缩短一个人的犯错和摸索的时间，使我们更快速地走向成功。

销售是一门深奥的学问，是一门技术，也是一门艺术。要做好销售工作，就要了解销售知识，不断学习吸收新的方法和技巧。坚持不断地学习是在当今销售界获得成功的起码要求。未来属于善于学习的人，而不仅仅是属于努力工作的人。相比普通的销售员，那些一流的销售人员更为显著地将大量精力和财力用在提高自己的能力上。其结果是，他们在任何产品市场上的收入都比普通销售员高得多，有时甚至是五到十倍之多。

　　销售员小王干了一段时间的销售工作，觉得压力很大，有点吃不消了。这天，他来到销售经理办公室，说："产品无人问津，客户越来越难对付。我真不知道该怎么办好了。"

　　"你不是做得很好吗？有不少客户反映你很受他们的欢迎。"销售经理说。

　　"上次一位客户问了很多关于产品以外的话题，跟产品有一点关系，但理论性很深，我被问倒了。"小王闷闷不乐。

　　"被客户问倒，说明你准备得不够充分啊。有很多客户是很专业的，对产品很有研究，像我们这样的产品同类的还有很多，所以客户提出各种问题是不可避免的。有的客户甚至对产品的内部构造、工作原理等问题感兴趣，当客户问起这方面的知识，你要能够与之探讨和解释。不仅要对产品了解，对产品相关的内容最好也知道一些，这样能让客户觉得你很懂行。所以说，做销售需要不断地学习，不断地补充未知的信息，否则就会被淘汰。"

　　"做销售也需要学习？"小王感到不解。

"推销技能是靠提前的计划思考、总结反省，学习提升得来的。为什么人家可以卖得好，而你不行，这就要多去学习，多去做。闲时多琢磨，忙时跑单就会少，练好本领是自己的，人家拿不走！"销售经理说。

"是的，我就是没有意识到学习的重要性，认为销售只要练好嘴、跑好腿就没问题了，谁知道里面还有这么大的学问呢！"小王后悔地说道。

的确，销售离不开学习，成功的销售人员需要不断地摄取知识，给自己充电，提升自己的知识水平和业务能力。

知识就是一种能量，通过学习可以为自己补充能量，先有输入，才能输出。成功是学习的过程，销售也是学习的过程。特别是在知识经济时代，知识更新的周期越来越短，只有不断地学习，才能不断摄取能量，才能适应社会的发展，才能生存下来。作为一名销售员，一定要善于思考、善于分析、善于整合，只有这样才能创新。学习是积累财富的过程，是创造财富的过程。在现今社会里，学习就是创收，学习就是成交。

销售人员要和形形色色、各种层次的人打交道，不同的人所关注的话题和内容是不一样的，只有具备广博的知识，才能与对方有共同话题，交谈氛围才能融洽。所以，作为一名销售人员平时要多涉猎各种书籍，无论天文地理、文学艺术、新闻、体育等，只要有空闲，就要去学习，养成不断学习的习惯。

　　事实上，销售高手不是赢在学历上，而是赢在学力上，要不断学习，充实自己，提高自己。在销售的过程中，要能够接受客户的建议，不断的改进营销内容，提高自己的专业技能，同时，要善于向同行、同事学习，提高销售技巧，以此来满足不断变化的客户需求。平时多关注行业信息，及时为客户提供咨询与服务，使客户能够享受到超值服务。

　　总之，学习，可以让你变得更智慧，让你的销售之路走得更远，让你由一个"外行人"变为"内行人"。

第三章 没有赢不了的开局，只是你没打好第一印象这张牌

重视个人形象，塑造打动人心的第一印象

一个人外在形象的好坏，直接影响着别人对他的第一印象。作为一个专业的销售代表，时刻代表着公司的形象，代表着产品的形象，所以，个人形象的管理影响着你工作的开展，影响着你的客户关系。

一个炎热的下午，一位销售钢材的推销员走进了一家制造公司的总经理办公室。这个推销员身上穿着一件有泥点的衬衫和一条皱巴巴的裤子。他嘴角叼着雪茄，含糊不清地说："早上好，先生，我代表森筑钢铁公司。"

"你也早上好！你代表什么？"这位总经理问，"你代表森筑公司，听着，年轻人，我认识森筑公司的高层领导，你没有代表他们——你的形象代表不了他们。"

推销大师汤姆·霍普金斯曾说过："顶尖的销售人员在进门的那一瞬间，就可分辨出来。"这就是心理学中所说的"首因效应"。对于销售人员来说，个人的形象是非常重要的，要想推销产品必须先推销自己，只有先把自己成功地推销给客户，客户才会考虑你的产品。

有一句谚语是这样说的："第一印象永远不可能有第二次机

会。"作为一名合格的销售员，任何时候要尽己所能给客户留下良好的印象，只有在客户接受你的情况下，他才会考虑接受你的产品。

心理学家认为，第一印象的形成主要源自性别、年龄、衣着、姿势、面部表情等"外部特征"。在一般情况下，一个人的体态、姿势、谈吐、衣着打扮等都在一定程度上反映出这个人的内在素养和其他个性特征，对方会对他进行最基本的判断和评价。因此，销售员在初次面见客户的时候，一定要把自己最优秀、最美好的一面展现出来，使自己先得到客户的认可，然后再推销产品。如果客户对你的印象不好，即使你的产品再好，也会把对你的厌恶扩展到商品上。有"爱屋及乌"，也必然有"恨乌及屋"。不要让自己的形象给推销带来不利的影响。

日本销售大师原一平曾访问美国大都会保险公司，该公司副总经理曾问他："您认为访问客户之前，最重要的工作是什么？"

"在访问准客户之前，最重要的工作是照镜子。"

"照镜子？"

"是的，你面对镜子与面对准客户的道理是相同的。在镜子的反映中，你会发现自己的表情与姿势；而从准客户的反应中，你也会发现自己的表情与姿势。"

"我从未听过这种观念，愿闻其详。"

"我把它称之为镜子原理。当你站在镜子前面，镜子会把映现的形象全部还原给你；当你站在准客户前面，准客户也会把映现的形象全部还给你。当你的内心希望准客户有某种反应时，你把这种希望反映在如同镜子的准客户身上，然后促使这一希望回到你本身。为了达到这一目标，必须把自己磨炼得无懈可击。"

在整个销售过程中，良好的第一印象起到十分重要的作用。所以，销售人员应该争取给客户留下良好的第一印象，博得客户的好感和认可。假如你能够被客户喜欢，那么你就已经成功了一半。

曾经有位资历较深的销售专家这样告诫涉足销售行业的同仁们：在销售工作中，懂得形象包装，给人以良好的第一印象，是成为永远赢家的基础。这话的确是经验之谈。人都是重"感觉"的，第一印象往往决定未来的发展关系。如果在双方初次见面时，留下的是负面的第一印象，那么，即使你的专业能力再强，也很难有机会得到证明了。相反，如果你给客户留下美好的第一印象，你就有机会施展才华了。因为"良好的开端，是成功的一半"。

一个人的穿着打扮能直接折射出他的修养、气质和情操。它往往能在他人认识你或你的才华之前表露出你是哪种人。因此，销售员要想使自己的销售工作事半功倍，在第一次与客户见面的时候，就要在给客户的第一印象上下工夫。

怎样才能给人留下一个好印象？以下是专家们对你提出的建议：

1. 发挥自己的长处

如果你发挥自己的长处，客户就会喜欢跟你在一起，并容易同你合作。一个人要首先了解自己，把握自己的特点，如外貌、精力、说话速度、声音的高低和语气、动作、手势、神情以及其他吸引别人注意的能力等。要知道，别人正是根据这些特点来形成对你的印象的。所以，与人交往，要充满自信，并尽可能发挥自己的长处。

2. 保持自我本色

最懂得与人交往的人，永远不会因场合不同而改变自己的性格。保持真我，保持最佳状态的真我是给人留下美好印象的秘诀。不管是与人亲切交谈，还是发表演说，都要保持自己的本色不变。

3. 善于使用眼神、目光

不管是跟一个人还是一百个人说话，一定要记住眼睛始终望着对方。进入坐满人的房间时，应自然举目四顾，微笑着用目光照顾到所有的人，不要避开众人的目光，这会使你显得更轻松自若。笑容也很重要。最好的笑容和目光接触都是温和自然的，并不是勉强出来的。

4. 放松心情

要使客户感到轻松自在，你自己就必须表现得轻松自在。不管遇到多么严重的事情，心理上都要尽量放松。学点幽默，不要总是神色严肃，或做出一副苦闷的样子。你应该把心情放松一下，否则他人会对你感到厌倦。

精彩的开场白，助你赢得漂亮的开门红

俗话说："良好的开端是成功的一半。"要想有效地吸引客户的注意力，在面对面的推销访问中，说好第一句话是十分重要的。《华尔街日报》记者、哈佛大学客座教授尼德·尚曾自信地说："第一句话都不会说，怎么能了解对手呢，这样的傻事我可从来不干。"所以，任何一名销售员都要重视每一个开场白的设计，这样才能使销售工作顺利展开。

这是一家刚刚进入中国市场的欧洲系统集成商的销售人员与某地方移动通信公司某部门负责人之间的沟通过程，具体销售的产品为一种可以解决移动通信行业系统堵塞的网关系统，通话时间为农历新年的那段时间，具体对话如下。

销售人员："早上好，张经理，现在方便吗？"

客户："方便方便，哪位找？"

销售人员："我是德国海天的刘学友。我们是一家专注于移动行业系统集成的服务商，同时也是沃达风的战略合作伙伴。今天特意来拜访您主要是想向您报个到，问一声新年好，同时也想请教您一到两个问题，可以吗？"

客户："谢谢，也祝你新年好，有什么问题？"

销售人员："最近我在报纸上看到消息说，广深移动系统在春节高峰期的时候，因为对手机短消息的处理能力不够，造成客户的许多短消息在繁忙时间不能够成功发送，结果造成很大损失，所以想找您问问，是有这回事吗？"（拨打电话之前，销售人员已经做了很细致的准备工作，找到了客户的痛点。）

客户："是有这回事，你的消息很灵通。"

销售人员："那么顺便问一下，张经理，在最高峰的时候，客户如果发十条短消息最终有多少条短消息成功发送呢？"

客户："在最高峰的时候，差不多只能发送三四条左右吧。"

销售人员："那么，张经理，如果我们能够帮助您解决这个问题，可以再耽误您几分钟的时间吗？"

客户："没有问题，如果你们真的可以帮助我们解决这个难题，多少时间都可以。"

通过上面这个案例，我们可以看出，开场白要达到的目标就是吸引客户的注意力，引起客户的兴趣，使客户乐于与你继续交谈下去。该案例的销售人员，就是通过很好的开场白吸引了客户，有了个漂亮的开场，从而向促成销售迈进了一步。手机用户想要发短信，却因为堵塞问题不能够成功发送，这是客户十分想要解决的一个问题点，客户就很清楚这个电话最终能带给他的巨大价值，于是销售人员接下来的话，客户自然而然会有很大的兴趣。

在与客户沟通时，前几分钟是至关重要的，并且在很多时候，第一句话的印象可以关系到整个交易的成败，即开场白的表达方式会决定是否能够打动客户的心。如果你一开始就吸引了客户的注意力，那么很可能整个交易过程都会变得很顺利。

约翰逊是一家服装公司的董事长，当他还是该公司一名普通的销售人员的时候，他曾经运用精彩的开场白给客户们留下了非常深刻的印象。约翰逊在见到客户时从来不会像其他销售人员那样拘谨地说上一句"您好，我是××公司的销售人员……"，他经常这样与自己的客户开始谈话：

"××先生（女士），我来这里的原因是因为我要成为您的私人服装商。我知道您在我这儿买衣服，是因为您对我、我们的公司或者对我们公司的产品有信心。而我所做的事情就是要使您的这种信心得到不断增强，我相信自己能够做到这一点。您一定希望对我有所了解，那么请允许我做一个简单的介绍：我从事这项工作已经很多年了，我对服装的式样和质地以及它们分别适合哪种类型的人都有着深入的研究。所以，我一定可以帮您挑选出一套最合适您的衣服，而且这项服务是完全免费的。"

无数事实表明，好的开场白会给客户留下深刻的印象，为下一步工作打下良好的基础，从而使推销的成功率大大提高。很多有经验的销售员在每次拜访客户前，都会花时间来考虑如何跟客户说一番精彩的开场白。因为只有在第一时间抓住客户的注意力，才能赢得与客户继续交谈的机会。

总之，开场白的好坏，很大程度上决定了一次推销的成功与否，销售员在拜访客户之前一定要想好自己的开场白，短时间内拉近双方距离，给客户留下好印象，为成交打好基础。

微笑是你最好的销售名片

微笑是打开人与人之间关系坚冰的最佳手段，又是给他人留下好印象的开始。销售中，只要坚持微笑，那么客户肯定会接受你，试想，有谁能拒绝一位向自己微笑的人呢？

微笑对销售人员来说，是至关重要的。美国旅店业巨子希尔顿曾说过："我宁愿住进虽然只有残旧地毯，却能处处见到微笑的旅店，也不愿走进一家只有一流设备，却见不到微笑的宾馆！"可见，微笑服务对销售的重要作用。

微笑，并不仅仅是一种表情，更是与人感情上的沟通。微笑就等于告诉对方：我是值得您信赖的人，我是您的朋友，我是一个心地善良诚实的人、我是一个您值得相交的人。当你向客户微笑时，要表达的意思是："见到你我很高兴，愿意为您服务。"微笑体现了这种良好的心境。

美国著名的保险推销员弗兰克·贝特格认为，微笑对于推销员的成功具有极其重要的作用。对此他曾发出过这样的感慨：

"作为推销员，我认为最主要的问题就是能够面带笑容和客户打交道。当我还很小的时候，父亲就去世了，母亲独自带着我们五个孩子。为了供我们上学，母亲只得去洗衣缝补干些杂活。那年天气寒冷，全家除了厨房之外，没有一个暖和的地方，房间也没有地毯；天花、猩红热、伤寒等疾病随时会降临到我们身上。饥饿、疾病夺走了我们家三个孩子的性命。这样的生活遭遇，使我们丝毫享受不到生活的乐趣。多年来的苦难生活，让我的表情总显得有些忧郁，但生活告诉我必须改变这一点，必须让自己面带笑容。我努力去做，很快就在家里、在社会上、在事业上收到了效果。"

"我每天早上都要花15分钟洗漱，并强迫自己带着笑容出门。我很快就发现，这种虚假的职业微笑只能多换来几美元，却根本不能取代那种发自内心的、真诚的微笑。"

"然而，要想拥有这种微笑并非易事。就在我每天早上的15分钟洗漱时间里，心中仍然充满了疑虑、恐惧和担心。所以，无论我如何强颜欢笑，但过不了多久又是一副忧郁的面孔。"

"微笑和忧郁是无法并存的。如果我想让自己微笑，就得想着那些快乐的事情。来看看我是如何开始我的一天的。"

"在进入别人办公室之前，我会先停下来，想想该说些什么，然后面带微笑地走进去，这样的微笑容易变成开怀大笑。我几乎总是会有所收获：当秘书小姐进去通知老板，然后将我引进办公室时，她们一般都会受到我的微笑感染而面带微笑。"

"面带真诚的微笑，和擦肩而过的人打个简单的招呼，往往比啰里啰嗦地说一大堆无关痛痒的话更受欢迎。如果对方是你的熟人，不妨面带真诚微笑直呼其名。要知道，真诚的微笑永远魅力无穷。"

"正是这种简单的方法，才使得我在推销保险业务上取得了巨大的成功，因此微笑对我的成功而言，有很大的关系。"

看，这就是微笑的魅力。可见，养成微笑的习惯是多么的重要。

微笑，是一种愉快的心情的反映，也是一种礼貌和涵养的表现。销售人员自然而朴实的微笑，是与客户沟通最好的敲门砖，是最好的催化剂。

微笑是传递友好与善良的信号，是消除对方敌意的开关，微笑可以接近彼此之间的距离，增进彼此之间的感情，同时微笑还可以使自己增强销售成功的信心，把微笑与自信带给客户。因此，微笑对于销售人员来讲，它既不花成本，利润却很丰厚。

俗话讲："笑口且常开，财源滚滚来。""抬头微微笑，低头数钞票。"销售员的微笑是创造财富的来源，"要把销售做得好，天天微笑少不了"。因此，要学会用真诚的微笑去打动客户，以甜蜜的微笑去赢得客户，把温暖带给客户，把幸福传给客户。

在销售过程中，销售人员以微笑开始服务于客户，在轻松愉快的环境下进行销售，是有助于消费行为的产生，即使没有销售成功，也至少体现出销售人员应有的风度与企业良好的文化。因此，微笑始终要贯穿在销售人员与客户的交往当中。

对销售人员来说，在客户面前，流露出自然而甜美的微笑，给人一种亲近、友善、和蔼的感觉，让人在心中留下美好难忘的第一印象。微笑的技艺要掌握分寸，淡淡地一笑，真诚的态度，微微的点头，动作不宜过大，出自内心的笑容才是最自然的。一次完美的微笑，常常可以让对方感到亲切，进而对你产生好感，下一步的销售活动就可以顺利地进行了。

微笑是一个销售员迈向成功的所必须掌握的技能之一。在漫长的销售生涯中，要想走得长远和持久，就要面带微笑。

热情地握手，为第一印象加分

握手是销售过程中常见的礼节。无论是接待客人还是拜访客户，销售员都需要认识一些陌生的人并且与他们做进一步的交流。而大多数情况下，销售员都会以握手作为交流前的准备或者是交流后的道别，这不仅是一个礼节性的动作，也是一个向对方表达自己热情和友善的举动。但握手是有讲究的，不加注意就会给顾客留下不好的印象。

刘艳是个热情而敏感的女士，目前在中国某著名房地产公司任副总裁。那一日，她接待了来访的建筑材料公司主管销售的韦经理。韦经理被秘书领进了刘艳的办公室，秘书介绍说："刘总，这是××公司的韦经理。"

　　刘艳离开办公桌，面带笑容，走向韦经理。韦经理先伸出手来，让刘艳握了握。刘艳客气地对他说："很高兴你来为我们公司介绍这些产品。这样吧，让我看一看这些材料，我再和你联系。"韦经理在几分钟后就被刘艳送出了办公室。几天内，韦经理多次打电话，但得到的均是秘书相同的回答："刘总不在。"

　　到底是什么让刘艳这么反感一个只见了一面的人呢？刘艳在一次讨论形象的课上提到这件事，余气未消："首次见面，他留给我的印象不但是不懂基本的商业礼仪，而且没有绅士风度。他是一个男人，位置又低于我，怎么能像王子一样伸出手让我来握呢？他伸给我的手不但看起来毫无生机，握起来更像一条死鱼，冰冷、松软、毫无热情。当我握他的手时，他的手掌也没有任何反应。握手的这几秒钟，他就留给我一个极坏的印象，他的心可能和他的手一样冰冷。他的手没有让我感到对我的尊重，他对我们的会面也并不重视。作为一个公司的销售经理，居然不懂得基本的握手礼仪，他显然不是那种经过严格职业训练的人。而公司能够雇用这样素质的人做销售经理，可见公司管理人员的基本素质和层次也不高。这种素质低下的人组成的管理阶层，怎么会严格遵守商业道德，提供品质过硬、价格合理的建筑材料？我们这样大的房地产公司，怎么能够与这样作坊式的小公司合作？怎么会让他们为我们提供建材呢？"

　　握手只有几秒钟的时间，但这短短的几秒钟是如此的关键，立刻决定了别人对你的喜欢程度。通过握手时的举止行为，在一个侧面可以断定许多问题：双方关系远近、情感厚薄、个人文化修养、地位和工作精神，乃至于为人处世的方式与品性等。握手的方式向别人传递了你的态度是热情还是冷淡，积极还是消极，是尊重他、诚恳相待，还是居高临下、敷衍了事。热情、文雅而得体的握手能让人感受到愉悦、信任和接受，促进彼此间的交流和了解。

与陌生人初次见面，人们大都会重视着装和微笑，但据调查指出，握手同样能够对人的第一印象起决定作用，因为人类能够对来自内在或者外在的刺激作出更强烈更敏锐的反应。所以，想在初次见面留给他人良好的印象，就要学会与人握手的技巧。

1．握手的方法

握手时，距离对方约一步，上身稍向前倾，两足立正，伸出右手，四指并拢，拇指张开，向对方握手。掌心向下握住对方的手，显示着一个人强烈的支配欲，无声地告诉别人，他此时处于高人一等的地位，应尽量避免这种傲慢无礼的握手方式。相反，掌心向里同他人的握手方式显示出谦卑与毕恭毕敬，如果伸出双手去捧接，则更是谦恭备至了。平等而自然的握手姿态是两手的手掌都处于垂直状态，这是一种最普通也最稳妥的握手方式。

2．握手的禁忌

（1）握手时应伸出右手，不能伸出左手与人相握，有些国家习俗认为人的左手是脏的。

（2）戴着手套握手是失礼行为。男士在握手前先脱下手套，摘下帽子，女士可以例外。当然在严寒的室外有时可以不脱，比如双方都戴着手套、帽子，这时一般也应先说声"对不起"。

（3）在商务洽谈中，当介绍人完成了介绍任务之后，被介绍的双方第一个动作就是握手。握手的时候，眼睛一定要注视对方的眼睛，传达出你的诚意和自信，千万不要一边握手一边眼睛却在东张西望，或者跟这个人握手还没完就目光移至下一个身上，这样别人从你眼神里体味到的只能是轻视或慌乱。

（4）握手的时间以一到三秒为宜，不可一直握住别人的手不放。

（5）握手的力度要掌握好，握得太轻了，对方会觉得你在敷衍他；太重了，人家不但没感到你的热情，反而会觉得你是个老粗。女士尤其不要把手软绵绵地递过去，显得连握都懒得握的样子，既要握手，就应大大方方地握。

（6）在任何情况下，拒绝对方主动要求握手的举动都是无礼的。但手上有水或不干净时，应谢绝握手，同时必须解释并致歉。

（7）注意双手卫生。在销售过程中，除注意个人仪容整洁大方外，还应注意双手的卫生，以不干净或者湿的手与人握手，是不礼貌的。

综上所述，握手虽然是一件小事，却能在细节中体现个人修养，看出一个人的性格。因此，作为销售人员一定要懂握手的礼节。

巧用名片，成功推销自己

名片，是现代人进行交往联络的一种基本工具。当今社会，人际交往频繁，不分行业职位，不分白领蓝领，名片广泛使用。对销售员来说，更是如此。名片是个人身份的证明，自我推介的媒体，能起到结交朋友、增进了解、拓展业务、联络感情的作用。人们在各类场合与他人进行交际应酬时，倘若离开了名片的使用或者不善于使用名片，往往直接有碍于彼此之间的沟通，而且还要有可能导致个人形象因此而受到损害。

某公司的行政部经理负责给公司新员工办理养老保险之事，并且他已经决定向S保险公司购买了。一天，S公司的销售负责人打来电话，说要拜访他。他心想，当对方来时就可以在保单上盖章了。不料，对方提前来访，原来是因为对方打听到其公司的子公司打算给员工续缴保费，希望子公司需要的各种保险业务也能向S公司购买，所以S公司的销售负责人带着一大堆资料，摆满了桌子。当时，行政经理正有事，于是便让秘书请对方稍等一下。对方等了一会儿，不耐烦地收起资料对秘书说："您先忙吧，我改天再来打扰！"

这时，这个行政经理突然回来，发现对方在收拾资料准备离去时，将自己刚才递上的名片不小心掉在地上，而且上面还留下了非常清楚的脚印。不仅如此，那位销售负责人捡起了他的名片后，随手就塞到了裤袋里。这种失误等于是亵渎他的尊严。于是，他一气之下，便向别的保险公司购买了所有的保险产品。

由此可见，不注重名片礼仪，甚至会毁掉一桩生意。名片是一个人身份的象征，当前已成为人们社交活动的重要工具。对销售员来说，如何交换名片不但是其个人修养的一种反映，还是对客户尊重与否的直接体现。因此，名片的递送、接受、索取也要讲究社交礼仪。

1. 名片的递交

在销售过程中，需要主动地把本人的名片递给他人时，首先应当选择适宜的时机。唯有在确有必要时递上名片，才会令其发挥功效。交往对象产生了了解自己的欲望，方为递上名片的最佳时机。递上名片，不宜过早或过迟。不要滥发名片，尤其是尽量不要在大庭广众之下同时向多位陌生人递上名片。

双方交换名片时，正规的做法应为位低者首先向位高者递上名片，再由后者回复前者。不过对这一规定也不宜过于拘泥。需要向多人递上名片时，切勿跳跃式进行，或者遗漏其中的某些人。得体的方法，应当是由尊而卑或者由近而远地依次进行。

递上名片时，应当先向接受名片者打上一个招呼，令对方有所准备。既可以先做一下自我介绍，也可以说"请多多指教""希望今后保持联系""可否交换一下名片"。

递上名片时，应表现得郑重其事。不仅应当起身站立，主动走向对方，面含笑意，而且还应当以双方或右手持握名片，并且将名片正面面对对方。不要以左手递上名片，也不要在递上名片时将其反面对着对方。

2.名片的接受

接受名片时，一定要用双手。接过后，应认真观看，以表示对递交名片者的尊重，同时便于加深印象。最好是在拿到对方名片之后，迅速记下名片上的内容，包括客户的姓名、客户的职称和公司的类别。看完名片后要郑重地将其放在名片夹里，并表示谢意。如果是暂放在桌子上，切忌在名片上放其他物品，也不可漫不经心地放置一旁，告别时千万不要忘记带走。应慎重地把名片放进皮夹或者是名片夹，收藏好，以便以后联系。

3.名片的保存

保存名片时，必须把别人和自己的名片分开来放，因为如果错把别人的名片递送给对方，将是一件非常失礼的事情，而且也会造成尴尬的场面。有些销售员喜欢把名片放在西裤的后口袋里，这样固然很方便，但会给人一种不尊重对方的感觉，所以名片还是放在西装上衣口袋比较好。

在销售中，名片是销售员与客户沟通的桥梁，学会使用名片，它将是你进入客户心扉的通行证。

提高亲和力，让人喜欢你

亲和力是人与人之间信息沟通情感交流的一种能力。它一方面表现为主动控制人际交往，另一方面表现为被其他人所认可。有亲和力的人身上散发出一种独特的力量，迫使我们不得不去喜欢他。那神秘的力量便是亲和力，我们就是被这种力量给影响了。

在实际销售过程中，"亲和力"就是具有很好的人际吸引力。让人感到亲切，会缩短你与客户之间的心理距离。如果你是一个让人感到亲切的销售员，客户情感的大门就会主动向你敞开，使客户感到你很亲切，更富有人缘魅力。

玛丽女士是一家化妆品公司的老总，她最不能接受的事就是凯迪拉克轿车的推销员开着福特轿车四处游说，人寿保险公司的经理自己不参加保险。所以，她要求公司的所有职员都要用自己公司生产的化妆品。

有一次，她发现职员刘菲正在使用另外一家公司生产的粉盒及唇膏，便微笑地说道："老天爷，你在干吗？你不会是在公司里使用别的公司的产品吧？"她的口气十分轻松，脸上洋溢着微笑。刘菲的脸微微地红了，不敢吱声，心想这下该挨批了。但是，玛丽女士并没有发火，什么都没说就走开了。

第二天，玛丽女士送给刘菲一套公司的化妆及护肤产品并对她说："如果在使用过程中觉得有什么不适，欢迎你及时地告诉我。"后来，公司所有的新老员工都有了一整套本公司生产的适合自己的化妆品和护肤品。玛丽女士亲自做了详细的示范。她还告诉员工，以后员工在购买公司的化妆品时可以打折。

玛丽女士亲和的态度，友善的口语表达，使她自然地与员工打成一片，成功地灌输了她正确的经营理念。

亲和力是获得销售成功必不可少的重要条件，是建立友谊、发展友谊的坚强动力。良好的亲和力可以拉近人与人之间的心理距离，令你收获意想不到的惊喜。亲和力强的人具有与人为善的心态。他不把人假定成丑恶的、讨厌的、难缠的，他假定人是善良的、有趣的、讲理的。这样，在与人交往时，他就会采取一种主动、友善、接近的态度，在他的感染下，对方也会采取相同的态度，双方的交往就会感到愉快和轻松。

亲和力是亲切、友善、易于被别人接受的一种力量，它能够方便与陌生人之间的沟通和交流，人都是有感情的，客户当然也不例外，感情的沟通和交流能够让你和客户之间建立一座信任的桥梁。

奔驰自从1993年进入中国以来，销售量一直都不怎么出色，特别是2003年"砸奔驰"事件让奔驰的公众形象滑落到了低谷。但是中国作为世界上人口最多的国家，能成为奔驰消费者的潜在客户的数目将是巨大的，这一点相信奔驰的老总们不可能不知道，而他们所要做的就是怎样把这些潜在客户变成他们自己的真正客户。

通过调查发现，奔驰进入中国以来之所以迟迟打不开市场，就是因为缺乏人情味。众所周知，奔驰作为一种高档车，在人们的心目中的地位是非常高的。也许正是由于这样的原因，导致奔驰在中国出了事之后就采取固执强硬的对抗方式，于是使得进入中国不久的奔驰遭受了前所未有的公关危机。

为了改变这种状况，公司总部开始变更政策，使奔驰开始变得有人情味，有亲和力且平易近人，不再是高高在上拒人千里的贵族。同时，奔驰开始改善与政府的关系，提升在公众心目中的形象，并通过类似于保护大熊猫、保护喀斯特地貌等保护自然环境的大型公关和慈善捐助活动来拉近与政府、公众的关系。并且奔驰在每次的展销会上都能让人们随心所欲地试驾奔驰在中国引进的任何一款车，"非试勿买"的体验式营销与"只准看，不准摸"的围栏式营销产生了巨大的销售差异。此外，奔驰把市场瞄准了年轻客户，因为这样的客户群在发展中的中国数字越来越庞大，于是国产奔驰C级车以最低34.8万的价格面向客户。这种低价和零手续费政策迅速赢得了年轻客户的信赖。

正是这种一系列具有亲和力的政策，使得奔驰在中国的销售量迅猛增长，2009年6月销售了5100辆，同比增长50%，这已经是连续6个月保持增长的态势，半年总共销售了27000辆，同比增长50%。

这就是亲和力在销售过程中的作用，它使得将要被赶出中国的奔驰重新占有了巨大的市场，赢得了客户的青睐。

很多时候，亲和力甚至比高超的销售技巧重要。因为只有具备了亲和力，才容易接近客户，促成沟通，达成合作。超强的亲和力，会让你在第一时间拉近与客户的距离，最大限度的消除戒备感。在这样的氛围下，才有可能促使交易成功。销售其实首先要做的是自我推销，只有让客户接受你、认可你，才会对你所推销的产品和服务产生信赖感。而亲和力是完成自我推销的有效利器。

成功的销售员都具有非凡的亲和力，他们能够在不经意间使用这种力量，与任何人、在任何时候建立起亲切的关系。对销售人员来说，良好的亲和力不但能帮你润滑身边的人际关系，让你获得更多友情，感受到人与人之间的关爱和温暖，还能让你经常保持愉快的心情，储存更多的人际资源。

得体的称呼是销售的敲门砖

称呼是指人们在正常交往应酬中，彼此之间所采用的称谓语。在日常生活中，称呼应当亲切、准确、合乎常规。正确恰当的称呼，体现了对对方的尊敬或亲密程度，同时也反映了自身的文化素质。

在销售中，得体的称呼客户，会给客户带来心理上的满足，使沟通更加顺畅。如果称呼不得体，往往会引起对方的不快，甚至令对方生气，使双方陷入尴尬，造成交往障碍或中断。

陈先生出差广州，和朋友到一家餐厅吃饭，因为习惯，他随口喊道："小妹，给我们拿点纸巾。"让他没想到的是，不仅服务员迟迟不动，周围所有的人都以不屑的眼光看着他。陈先生以为服务员没有听见，又高声叫了一次，谁知服务员干脆走开，再也不搭理他了。后来，在朋友的解释下，他才得知"小妹"这个称呼在广州很敏感，特别是对外来打工的女孩来说，带有鄙视意味，难怪陈先生称呼人家"小妹"受到了冷遇。

既然称呼如此重要，在销售活动中我们一定要注意，避免信口开河。

　　在一家大型商场里，一位年龄偏大的女顾客正在选购上衣。导购员不厌其烦、笑容满面地让她试穿了好几件后，她终于挑中了一件，决定购买。导购员将开好的付款单递给她，笑吟吟地说了句："阿姨，你的裙子真好看，在哪里买的？"结果女顾客眼睛一斜，说："你叫谁阿姨？"说完，转身就离开了。这个导购员的服务态度和工作水平都很高，但是，就因为一个小小的称呼，一单生意就这样毁了。

　　对现代人来说，年龄是一个很敏感的话题，尤其是女性，最忌讳别人说自己老。那位女顾客的实际年龄或许真称得上是导购员的阿姨，但是，直接喊出来还是会让她觉得刺耳，索性连挑好的衣服也不要了。所以，对不熟识的长者，一定要注意称谓。尽可能地为对方考虑，让对方耳根舒服，这样，交流才会很顺畅。

　　对销售人员来说，称呼是否得体在一定程度上决定了销售活动的成败。心理学家认为，得体的称呼能使人身心愉悦，增强自信，有助于形成亲密和谐的人际关系，缩短人和人之间的心理距离。所以在销售中，销售员要学会正确称呼他人。

　　1. 选择正确的称呼方式

　　（1）根据对方的年龄特征称呼。称呼长者，一般都用尊称，例如"老爷爷""老奶奶""大叔""大娘"等。

　　（2）根据对方的职业特征称呼。称呼工人、司机、理发师、厨师等用"师傅"，称呼教师为"老师"，称呼医生为

"大夫"。

（3）根据对方的身份特征称呼。有时候因为年龄问题，别人可能不愿意接受你的称呼，最好的办法就是名字加称呼。

（4）根据你和别人的亲疏关系称呼。在与多人同时打招呼时，要注意亲疏远近和主次关系。一般来说先长后幼、先上后下、先女后男、先疏后亲为宜。

（5）根据说话场合称呼。在日常生活中，对领导、对上级最好不称官职，以"老李""老张"相称，使人感到平易近人。在正式场合下最好称呼职称，这样才能体现工作的严肃性。

（6）根据对方的语言习惯称呼。在一些地方，称呼尼姑是"小师傅"，假如你叫当地一个女孩为"小师傅"，她肯定会跟你发火，就像当今社会"小姐"这个称呼一样，你要是随便一个女孩为小姐，她同样会生气。

2．称呼的禁忌

我们在使用称呼时，一定要避免下面几种失敬的做法。

（1）错误的称呼。

常见的错误称呼无非就是误读或是误会。

误读也就是念错姓名。为了避免这种情况的发生，对于不认识的字，事先要有所准备；如果是临时遇到，就要谦虚请教。

误会，主要是对被称呼的年纪、辈分、婚否以及与其他人的关系作出了错误判断。比如，将未婚妇女称为"夫人"，就属于误会。

（2）使用不通行的称呼。

有些称呼，具有一定的地域性，比如山东人喜欢称呼"伙计"，但南方人听来"伙计"肯定是"打工仔"。中国人把配偶经常称为"爱人"，在外国人的意识里，"爱人"是"第三者"的意思。

（3）使用不当的称呼。

工人可以称呼为"师傅"，道士、和尚、尼姑可以称为"出家人"。但如果用这些来称呼其他人，没准还会让对方产生自己被贬低的感觉。

（4）使用庸俗的称呼。

有些称呼在正式场合不适合使用。例如，"兄弟""哥们儿"等一类的称呼，虽然听起来亲切，但显得档次不高。

（5）称呼外号。

对于和你关系一般的人，不要自作主张给对方起外号，也不能用道听途说来的外号去称呼对方，更不能随便拿别人的姓名乱开玩笑。

总之，称呼他人是一件极为重要的事情，若称呼的不妥当则很容易让他人产生反感，甚至嫉恨在心，久久无法释怀。一个热情、友好而得体的称呼，能似妙言入耳，如春风拂面，使对方顿生亲切、温馨之感。

第四章 做好沟通：情商是与人高效沟通的法宝

成功销售离不开好口才

销售是一门沟通的艺术，而口才是销售人员梦想成功的基石。俗话说："买卖不成话不到，话语一到卖三俏。"美国的"超级推销大王"弗兰克·贝特格总结30年推销生涯的经验，得出"交易的成功，往往是口才的产物"的结论。世界一流销售大师金克拉也说过："说话的艺术很重要。它可以使事情改变，可以使客户自己说服自己。"

销售是靠嘴吃饭的行业，不会说话就不会做销售，销售员的口才如何，直接关系到销售员的业绩好坏以及生活质量。一名出色的销售员，最大的本领也无非是具有出色的说话能力。一句话点石成金，两句话心花怒放，三句话绝对成交！可以说，没有好口才就做不好销售工作。

刘易斯是美国得克萨斯州一家食品厂的老板，也是一个被众多保险推销员称为"很难对付"的老头。然而，推销员博尔特却通过自己出众的口才，向刘易斯成功地推销出了自己所在公司有史以来最大的一笔生意。那么，博尔特都说了些什么呢？请看两人的对话。

博尔特："刘易斯先生，您是否可以给我一点时间，为您讲一讲人寿保险呢？"

刘易斯："我很忙，哪有时间跟你闲谈。再说了，跟我谈寿险也是在浪费你的时间。你都看到了，我现在已经63岁啦，好几年前我就已经不再买保险了。如今，我的儿女都已经长大成人，能够好好地照顾自己，即便我有什么不测，他们也有钱过舒适的生活。"

换了别的推销员，刘易斯的这番合情合理的话，足以让其心灰意冷，但博尔特可不会那么容易死心，他继续说："刘易斯先生，像您这样成功的人，在事业和家庭之外，肯定还有些别的兴趣，比如对医院、宗教、慈善事业的资助。您是否想过，在您百年之后，它们也许就可能无法正常运转了？"

看到刘易斯没有说话，博尔特意识到自己的话说到点子上了。于是他趁热打铁地说下去："刘易斯先生，购买我们的寿险，无论您是否健在，您资助的事业都会继续维持下去。七年之后，假如您还在世的话，您每月将收到5000美元的支票，直到您去世。如果您用不着，您还可以用它来完成您的慈善事业。"

听了博尔特的这一番话，刘易斯老人的眼睛忽然变得炯炯有神。很快，老人便说："你说的听上去很不错，现在我正资助着三名传教士，这件事对我很重要。你刚才说如果我买了保险，那三名传教士在我死后仍能得到资助，对吗？如果是真的，那我总共要花多少钱呢？"博尔特马上把投保的详细资料给了这位老人。最终，刘易斯先生购买了这份寿险。而且，在接下来的几年里，刘易斯还向博尔特介绍了不少客户。

通常，人们买保险是为了让自己和家人的生活有保障，而博尔特通过出色的口才，终于发现了连刘易斯自己也没意识到的另一种强烈需要——慈善事业。当博尔特帮助刘易斯找到了这一深藏未露的需要之后，通过购买寿险来满足这一需要，对刘易斯而言就成了主动而非被动的事了。所以，货卖一张嘴，全凭舌上功。想轻松拿到订单，就要有良好的销售口才。

作为一名销售人员，一旦具备了一流的口才，就能够顺利地发展客户；就能够争取到向对方推销的机会；就能够在极短的时间里迅速地吸引客户的注意力，引起对方的兴趣，从而打开销售工作的局面；就能够一步一步地激起客户的购买欲望，并最终说服对方作出购买决定。口才的影响力将会伴随着销售工作的整个过程，而销售口才的好坏，则会在销售工作的每一个环节上得以证实。因此，可以毫不夸张地说，销售的成功在很大程度上可以归结为销售人员对口才的合理运用与发挥。

记住客户的名字，赢得客户好感

准确地记住客户的名字在销售活动中具有至关重要的作用。当你问一位擅长销售的人"世界上最美妙的声音是什么"的时候，你会听到答案是"听到自己的名字从别人的口中说出来"。通常，一个人能够叫出另一个人的名字，就会使对方感到非常亲切；反之，对方会产生疏远感、陌生感，进而增加双方的隔阂。

俗话说：人过留名，雁过留声。姓名是人的标志，人们出于自尊，总是最珍爱它，同时也希望别人能尊重它。美国前总统罗斯福说过："交际中，最明显、最简单、最重要、最能得到好感的方法，就是记住人家的名字。"的确，人际交往的第一秘诀就是记住他人的名字，因为记住每个人的名字，是尊重一个人的开始，也是与人有效沟通的第一步。

一位销售员急匆匆地走进一家公司，找到经理室敲门后进屋。"您好，罗杰先生，我叫约翰，是打印机公司的销售员。"

"约翰先生，你找错了人吧。我是史密斯，不是罗杰！"

"噢，真对不起，我可能记错了，我想向您介绍一下我们公司新推出的彩色打印机。"

"我们现在还用不着彩色打印机。"

"原来是这样。不过，我们有别的型号的打印机。这是产品资料，"约翰将资料放在桌上，"这些请您看一下，上面有很详细的介绍。"

"抱歉，我对这些不感兴趣。"史密斯说完，双手一摊，示意走人。

可见，记住别人的名字是非常重要的事，忘记别人尤其是客户的名字则是无礼的。

善于记住客户的姓名是一种礼貌，也是一种感情投资，在销售中会起到意想不到的效果。美国一位学者曾经说过："一种既简单但又最重要的获得好感的方法，就是牢记住别人的姓名，并且在下一次见面时喊出他的姓名。"名字作为每个人特有的标识，是非常重要的。对一个人来说，自己的名字是世界上听起来最亲切和最重要的声音。它不但是获得友谊、达成交易、得到新的合作伙伴的通行证，而且能立即产生其他方式所达不到的效果。

泰国的东方饭店是一家已有110多年历史的国际性大饭店。这么多年以来，这家饭店几乎天天客满，不提前一个月预订很难有入住的机会。一个饭店能经营到这种程度，自然有其特殊的经营秘诀。其秘诀就是饭店员工对每一个入住的客户都给以最细致入微的关怀和重视。

比如，一位张先生入住了这家饭店，早上起床出门，就会有服务生迎上来："早上好，张先生！"不要感到惊讶，因为饭店规定，楼层服务生在头天晚上要背熟每个房间客人的名字，因此他们知道你的名字并不稀奇。当张先生下楼时电梯门一开，等候的服务生就会问："张先生，用早餐吗？"当张先生走进餐厅，服务生就问："张先生，要老座位吗？"饭店的电脑里记录着上次张先生坐的座位。菜上来后，如果张先生问服务生问题，服务生每次都会退后一步才回答，以免口水喷到菜上。当张先生离开，甚至在若干年后，还会收到饭店寄来的信："亲爱的张先生，恭喜您生日快乐！您已经三年没来光顾我们的饭店了，我们全饭店的人都非常想念您。"如果你受到这样的重视和关注，想必你一定还会想再回那家饭店住上一段时间的。

这就是泰国东方饭店成功的秘诀所在，重视客户，永远记住客户的名字，才会紧紧抓住客户的心。

在销售的过程中，记住客户的名字很重要。只要销售员能够记牢客户的姓名，就可以快速拉近彼此的距离，使客户对你产生良好印象。

世界上天生就能记住别人的名字的人并不多见，大多数人能做到这一点全靠有意培养形成的好习惯。而销售人员一旦养成了这个好习惯，就能在销售活动中占有很多优势。

要牢记客户的名字，可参考下面几种方法：

1. 用心听记

把准确记住客户的姓名和职务当成一件非常重要的事。每当认识新客户时，一方面要用心注意听其介绍自己，另一方面要牢牢将其所说记住。若听不清对方的大名，可以请其再重复一遍。如果还不确定，那就请其示范如何拼写。切记，每一个人对自己名字的重视程度绝对超出你的想象，客户更是如此。记错了客户名字和职务的销售员，很少能获得客户的好感。

2. 用笔辅助记忆

在得到客户的名片之后，可以把他的爱好、专长、生日等信息写在名片背后，以帮助记忆。若能配合照片另制资料卡则更好。不要一味地依赖自己的记忆力，万一出错，则得不偿失。

3. 不断重复，加强记忆

几乎每个销售员都有过这样的情况：当客户告诉你他的名字后，不一会儿你就把这个人的名字忘记了。这个时候，你需要在心中将其名字多重复几遍，才会记牢。因此，在与客户初次谈话时，可以尽量多叫几次对方的名字。如果对方的姓名或职务少见或奇特，不妨请教其写法与取名的原委，这样更能加深印象。

保持你的幽默感，让"笑果"带来"效果"

幽默是销售人员应该掌握的最重要的沟通技巧。没什么比幽默更有利于建立关系，幽默是一种接合零件，是你与客户建立友谊的桥梁。

有一家公司的总裁说："我专门雇用那些善于制造快乐气氛，并能自我解嘲的人。这样的人能把自己推销给大家，让人们接受他本人，同时也接受它的观点、方法或产品。"在销售中，交易的本身容易让客户充满戒备与敌意，如果销售员能够适当运用幽默的技巧，就可以消除客户的紧张情绪，使整个商谈过程变得轻松愉快，充满人情味。所以，幽默的销售员更能获得客户的欢迎，取得他们的信任，促使交易走向成功。

两个推销保险的销售人员，分属不同的公司。有一次，客户对保险公司的办事效率产生怀疑。这时，A公司的销售员说，他的保险公司十有八九是在意外发生的当天就把支票送到投保人的手中。而B公司的销售员却对客户说："那算什么！我的一位客户不小心从楼上摔下来，还没有落地的时候，我已经把赔付的支票交到了他的手上。"

最后，客户选择哪一家保险公司还用得着问吗？

有时小小幽默，却能发挥出莫大的效果！如果你能让客户开怀大笑，你就能赢得客户。

在销售过程中，有时不免出现紧张场面，甚至陷入僵局，这时如果销售人员恰当地使用了幽默的语言，就会给双方带来欢慰，拉近彼此的距离。高雅风趣、机智巧妙、深入浅出的幽默语言能起到化尴尬为欢乐，化敌意为友好，使对方在欢快的气氛中领悟你的意图，进而打破僵局，会出现柳暗花明又一村的境地。

一名房地产经纪人领着一对夫妇向一栋新楼房走去，他想卖出一套房子给这对夫妇。一路上，他为了推销这房子，一直喋喋不休地夸耀这栋房子和这个居民区："瞧这个地方多好！空气洁净，遍地鲜花绿草，这儿的居民从来不知道什么是疾病与死亡。谁也舍不得离开这里。"就在这时，他们看见一户人家正在忙碌地搬家。这位经纪人马上说："你们看，这位可怜的人……他是这儿的医生，竟因为很长一段时间无病人光顾，而不得不迁往别处开业谋生了！"最终，这对夫妇被打动了，并决定购买。

看，这就是幽默的力量。销售员爽朗的性格和幽默的谈吐都是赢得顾客好感的极其重要的因素。美国一项有329家大公司参加的幽默意见调查表明：97%的销售人员认为，幽默在销售中具有很重要的价值；60%的人甚至相信，幽默感决定销售事业成功的程度。

在销售中，幽默的语言不仅可以缓和谈话的气氛，打破僵局，还可以刺激顾客的消费意识，让顾客在不知不觉中进入销售员设好销售圈内。

有一位销售人员在市场上倾销灭蚊剂，他滔滔不尽的演讲吸引了一大堆客户。忽然，有人向他提出一个题目："你敢保证这种灭蚊剂能把所有的蚊子都杀死吗？"这时，他马上机智地回答："不敢，在你没打药的地方，蚊子照样活得非常好！"这句玩笑话使人们愉快地接受了他的产品，几大箱子灭蚊剂很快就销售一空。

幽默是销售成功的金钥匙，它具有很强的感染力，能迅速打开顾客的心灵之门，让顾客在会心一笑后，对你、对商品或服务产生好感，从而诱发购买动机，促成交易的迅速达成。

在推销的过程，销售员对顾客来说是陌生人，开始并不被顾客了解。如果销售员可以随时展现笑容，对人和蔼可亲、谈吐风趣，对于销售产品会助益很大。

不论如何，总要设法把准客户逗笑了，然后自己跟着笑，当两个人同时开怀大笑时，陌生感消失了，彼此的心也就在某一点上面沟通了。这不仅增添了谈话的趣味，也因为你的思维敏捷和机智而博得顾客的好感。

对于销售人员而言，把幽默带进销售领域，创造一个与顾客齐声大笑的场面，形成幽默的销售艺术风格，在激烈的市场竞争中就会多一份获胜的希望和意外的欣喜。

巧妙提问，摸清客户的真正需求

提问是实现成功销售的法宝。销售员通过提问可以了解客户需要什么，不需要什么，对产品的哪些方面比较感兴趣等。很多专业的销售员都会把提问作为最重要的销售手段，因为掌握客户的需求越多，向客户成功销售的可能性就会越大。一个销售员业绩的好坏，与其提问题的能力是有密切关系的。

通常情况下，只要向客户提出问题，都会引起客户的兴趣，然后引导客户去思考，就会很顺利转入正式面谈阶段，这是一种非常有效的沟通方法。你可以首先提出一个问题，然后根据客户的实际反应再提出其他问题，步步进逼，接近对方。当然，你也可以开头就提出一连串问题，使对方无法回避。

下面是某电话销售人员向某小区推销防盗锁以及报警器的电话销售过程。

电话销售员："你好，王女士，我是××物业管理公司的，打扰您一下，不知您是否注意到最近的新闻，以及小区告示？"

王女士："注意到了，最近好多小区都发生了入室盗窃的现象，怪吓人的。你们社区管理部门，一定要把治安搞好，否则很麻烦的。"

电话销售员："是的，这块我们一定会做好的，但也需要你们的配合。"

王女士："我一个女人家，怎么配合呢？"

电话销售员："很简单，小偷入室盗窃，主要通过撬锁进入室内，你要检查一下你们家锁的质量是否过硬，可有报警功能。"

王女士："这个我怎么清楚，都是装潢公司采购的，也不知道质量究竟怎么样？"

电话销售员："这样吧，你确定个时间，我们帮你联系一家专业检测公司和报警器安装公司，到你们家去看看，怎么样？"

王女士："可以，那太感谢你了，明天下午怎么样？"

电话销售员："可以，那就明天下午三点钟吧。"

上例中的这位销售员与客户交谈的过程中，就是通过有效地提问了解到客户的需求，为接下来的销售工作打开了一个有利的局面。在销售中，善于利用提问的方式沟通，灵活掌握提问的技巧，会给销售工作带来许多意想不到的收获和惊喜。

销售是一门说服的艺术，但如果只有说，而没有问，销售工作就会走入一条死胡同。所以，在适当的时间提出适当的问题，是一个优秀的销售员做出的聪明选择。

中国有句古话："善问者能过高山，不善问者迷于平原。"如果想使交谈愉快地进行，巧妙提问是关键。巧妙的提问不仅能获得自己想得到的信息，而且还能令对方心情舒畅，而不当的提问，常使交谈失败。所以，销售高手会通过一系列别有用心的、精心设计的问题来引导客户的思路，从而达到销售的目的。

一位家用电器销售员曾经五次打破公司的销售纪录。他是怎么做到这些的？他说自己成功销售的秘诀就是经常进行有效的提问，然后让客户在回答问题的过程中对产品产生认同。他经常在与客户谈话之初就进行提问，直到销售成功。下面我们看看他的几种典型提问方式：

"您好！听说贵商场打算购进一批电冰箱和洗衣机，能否请您说明您心目中理想的产品应该具备哪些特征？""我很想知道贵商场在选择合作厂商时主要考虑哪些因素？"（问这两个问题的目的是弄清客户需求）

"我们公司非常希望与您这样的客户保持长期合作，不知道您对我们公司以及公司的产品印象如何？"（问这一问题的目的是为自己介绍公司及产品做好铺垫，同时也可以引起客户对本公司的兴趣）

"您是否可以谈一谈贵公司以前购买的机械设备有哪些不足之处？""您认为造成这些问题的原因是什么呢？""如果我们产品能够达到您要求的所有标准，并且有助于贵公司的生产效率大大提高，您是否有兴趣了解这些产品的具体情况呢？"（站在对方的立场上提出问题，有助于对整个谈判局面的控制）

"您可能对产品的运输存有疑虑，这个问题您完全不用担心，只要签好订单，一个星期之内我们一定会送货上门。现在我想知道，您打算什么时候签署订单？"（有目的地促

进交易完成）

"如果您对这次合作满意的话，一定会在下次有需要时首先考虑我们，对吗？"（为将来的长期合作奠定基础）

从这个案例可以看出，如果销售员可以通过不断提问去帮助客户发现自己内心的需求，销售就会变得易如反掌。因此，销售人员必须学会有效地提问，要让客户有机会吐露自己心中的真情实感，这样，销售人员不仅能够透彻了解客户的问题，而且能够消除客户心中的疑虑。

事实表明，正确的提问才能引起客户的注意，引发客户的思考，掌握主动，取得销售成功。所以，把说话的机会留给客户，并用适当地发问引导客户说下去，是销售取得成功的关键所在。

赞美说得好，销售业绩差不了

真诚地赞美客户，一直都是销售员获得客户好感的最有效方法。法国作家安德烈·莫洛亚说过，"美好的语言胜过礼物"。在实际生活中，每个人都有一些不同于他人的东西，并常因此而引以为傲，希望为人所知，受人称赞。销售员如果能利用人性的这一特点，真诚地赞美客户，就可以满足客户的虚荣心，从而获得其好感。因此，有了适当的赞美机会，销售人员就应该说出来。但值得注意的是，赞美要找准切入点，找出可赞之处，这也是销售人员最该掌握的一种技巧。

  林大庆是一名十分优秀的保险推销员。一次，公司先后派出10名推销员去向某公司的大老板赵总推销保险，但是都遭到了他的冷遇，理由是自己很忙，没有时间和他们交谈。而且他向来就对推销员没有什么好感，总是避而远之的。所以只要有推销员上门，他都会用自己的冷漠使推销员知难而退。林大庆了解到这样的情况，却还是决定亲自去试试。

  到了赵总的办公室，林大庆开始做自我介绍："先生，您好，我是保险公司的推销员，很高兴见到您。"

  说着，林大庆便把自己的名片递了上去。赵总瞥了一眼名片便扔在了办公桌上，不高兴地说："又是一个推销员。在你之前已经有10个推销员光顾我这里了。你高兴见到我，我却不高兴见到你啊。我还有很多事情要做，不能花时间听你们这些推销员的唠叨，我没有时间的，不要再烦我了。"很明显，赵总已经下逐客令了，并且态度十分冷漠，一般的推销员肯定都会灰溜溜地离开。但是林大庆却没有选择就这样离开。

  他完全没有理会赵总的态度，而是微笑地对赵总说："在见您之前，我想象中觉得作为这么大的一个公司的总经理，应该是一个上了年纪的老者，没想到您还这么年轻。能成就这么大的事业，真是不容易啊！"

  一句话触动了赵总的心弦，他感慨地说："是啊，很不容易啊，摸爬滚打地闯了10年才有今天的事业。"

  林大庆说："哦，10年啊？那您不就是从十八九岁就开始创业了？那时一定是胸怀大志，斗志昂扬吧！我真是很佩服您啊！很想听听您的创业史，只可惜您很忙没有时间啊。"

林大庆的话勾起了赵总的兴趣，他很少和别人讲自己的经历，而此时有了难得的聆听者，他也不愿意放过，于是就说："我的经历说来话长啊！不过我今天没有安排，如果你感兴趣，我可以讲给你听听。"

林大庆说："万分荣幸啊！"

于是，赵总仰身靠在自己的老板椅上，态度亲切地讲起了自己的经历。林大庆很认真地倾听着，并不时地给以赞叹，表达自己的感慨。因为他们年纪相差不大，交流起来更加融洽。很快，两个人就熟识起来，到中午的时候，赵总还硬拉着林大庆一起吃饭，并参观自己的公司。

虽然整个过程中，林大庆基本上没有提及推销保险的事情，但是他对赵总的事业表现出了极大的兴趣，并对他的创业经历给予了真诚的赞美和欣赏，因此很快就赢得了赵总的心。最后，赵总不仅给自己买了保险，还为自己的女儿买了一份。

真诚地赞美客户，这是令客户开心的特效药。适时地向客户传递你的赞美和钦佩之意，使客户感觉受到了你的重视和欣赏，这样就很容易捕获客户的心，使客户信赖你、喜欢你、倾心于你。

每个人都希望得到别人的称赞和关心，客户也是如此。适当地赞美一下你的客户，是唤起客户注意的有效方法。每当你赞美客户的成就、特质和财产时，就会提高他们的自我肯定，让他们更得意。只要你的赞美是发自内心的，客户就会因为你而得到正面肯定的影响，他们会对你产生好感，增加对你的满意度。

　　小孙是一个文化用品销售人员。有一次，他偶然从一个幼儿园得到孩子们的联系方式，就根据上面的地址到客户家里拜访。有一家接待他的是这家的女主人，他的敲开门后，向开门的女士说第一句话是："哟，你就是女主人啊！你真年轻，实在看不出已经有孩子了。"

　　女主人说："咳，你没看见，快把我累垮了，带孩子真累人。"

　　小孙说："那是，在家的时候我妻子也老抱怨我，说我一天到晚在外面瞎跑跑，一点也不尽当爸爸的责任，把孩子全留给她了。"

　　女主人深有同感地说："就是嘛，你们男人就知道在外面混。"

　　小孙笑了笑，接着说："孩子几岁了？真漂亮！上幼儿园了吧？"

　　"是啊，今年孩子刚上的幼儿园。"

　　"多伶俐，真可爱，孩子慢慢长大，他们的教育与成长就成为我们做父母最关心的事情了。谁不望子成龙、望女成凤，我每隔一段时间就会买些这样的光盘放给他们听。"

　　随后，他就取出了自己所销售的产品——幼儿音乐光盘，没想到女客户想都没有多想，就问："一共多少钱？"然后毫不犹豫就买了一套。

　　上面这个案例最后的成交一点也不惊奇，因为在这个销售人员正式向女客户介绍产品前，就已经通过真诚的赞美和她建立了良好的信赖关系。

销售往往就是这样：赞美说得好，产品就畅销。作为销售人员，应该善于观察，找到客户的兴趣与爱好，投其所好，并加以适当的赞美，就一定能够打动客户芳心，进而推销成功。

赞美的内容多种多样，包括外表、衣着、谈吐、气质、工作、地位及能力、性格、品格等。只要恰到好处，对方的任何方面都可以成为赞美的内容。例如，对于男性客户，你可以赞美他的事业很成功、西装很高档、领带很漂亮、说话很幽默等。如果你去办公室拜访客户，可以赞美他的办公室布置得很有格调、很有品位；如果你到客户的家里去拜访他，可以赞美他家里的布置和特点，特别是客户喜欢的东西和人物。总之，销售员要找到客户很在意，又很希望更多人重视的东西加以赞美，这样就会起到事半功倍的效果。

赞美是一种俘获人心的有效方法。要想成为一流的销售员，获得客户的好感，就要能够在最短的时间里找出对方的优点，并大声地告诉客户，进而俘获客户的心。

用心倾听，赢得客户的心

在销售过程中，销售员如果只顾自己一个劲地说产品如何如何的好，而不善于倾听的话，他是无法了解客户的真实需求。无法了解客户，则销售的效率就低，甚至令人讨厌。一个成功的销售员说过：有效的销售是自己只说三分之一的话，把三分之二的话留给客户去说，然后，倾听。倾听，可以使你了解客户对产品的反映以及购买产品的各种顾虑、障碍等。只有当你真实地了解了客户，你的销售沟通才能有效率。

美国汽车推销之王乔·吉拉德曾有一次深刻的体验。一次，某位名人来向他买车，他推荐了一种最好的车型给他。那人对车很满意，并掏出10000美元现钞，眼看就要成交了，对方却突然变卦而去。

乔·吉拉德为此事懊恼了一下午，百思不得其解。到了晚上11点，他忍不住打电话给那人："您好！我是乔·吉拉德，今天下午我曾经向您介绍一部新车，眼看您就要买下，为什么却突然走了？"

"喂，你知道现在是什么时候吗？"

"非常抱歉，我知道现在已经是晚上11点钟了，但是我检讨了一下午，实在想不出自己错在哪里了，因此特地打电话向您讨教。"

"真的吗？"

"肺腑之言。"

"很好！你用心在听我说话吗？"

"非常用心。"

"可是，今天下午你根本没有用心听我说话。就在签字之前，我提到我的孩子吉米即将进入密执安大学念医科，我还提到他的学科成绩、运动能力以及他将来的抱负，我以他为荣，但是你毫无反应。"

乔·吉拉德不记得对方曾说过这些事，因为他当时根本没有注意。乔·吉拉德认为已经谈妥那笔生意了，他不但无心听对方说什么，反而在听办公室内另一位推销员讲笑话。这件事让他领悟到"听"的重要性，让他认识到如果不能自始至终倾听对方讲话的内容，认同客户的心理感受，难免会失去自己的客户。

成功推销的一个秘诀就是80%的时间使用耳朵，20%的时间使用嘴巴。有经验的销售员都非常注意倾听客户的谈话。销售员如果注意倾听，能避免许多不必要的误解。如果客户误会了你的意思，就能很快地从他的话里反映出来，而如果你误会了客户的意思，你也能从他的话里发现前后相反的意思。遇到这种情况，销售员可以立即纠正客户的误会，向客户做出解释。

销售员善于倾听客户的谈话，还能给客户留下良好的印象，与客户保持良好的关系。在倾听客户谈话时，销售员眼睛看着客户，轻轻点头示意，或者用"好、对、嗯、啊"等告诉客户，表示你在认真注意听他说话。在这种情况下，客户对销售员的印象是非常好的，双方实现有效沟通的机会也多一些。当销售员真正能够倾听客户谈话，客户会感到很受重视，他会因你倾听了他的谈话而感激你，连对你销售产品的抱怨也会因此而减轻。其次，客户此时比较易于接受改变和更新，这对于销售工作是非常有利的，是沟通的大好时机。

一年卖出60辆雷克萨斯的销售员千叶曾这样说："每名客户都像一本书，你要用心听才读得到。"

　　10年前，千叶还只是个默默无闻的销售员。客户上门，三句话后她就不离"车"，因此，业绩总是挂零。直到有一天，一位客户跟她说："你就不能闭嘴吗？"这话对她来说，无疑是当头棒喝。此后，她每次都会让客户先说话。

　　一次，有位企业老板娘来店里看车，同事亲热地走上前去问候："您要来看车吗？"老板娘不悦答道："来你们这儿，不看车看什么？"这时，只见千叶静静端上一杯水站在一旁，不发一语。

　　老板娘开口："你们业务员的服务态度很差，车卖得又贵。"只见千叶虚心请教："您说得非常对，您能给我们提提意见吗？"她挽着对方的手往贵宾室里坐下，门一关。半个小时后，一笔20辆车的订单就到手了。

　　同事们很奇怪地问她："你施了什么法术呢？"千叶静静地说："我什么都没做，只是听她抱怨了20分钟。"原来，这位客户早就锁定了一款车型，但逛了几间车行都没碰到满意的销售员。而千叶只是用心倾听抱怨，一边回应，同时也整理自己的思绪。等客户气消后，她开始与对方聊起家庭生活的经验。不到30分钟，交易就完成了。

　　最优秀的销售员，不一定是最能说的人。老天给我们两只耳朵一个嘴巴，本来就是让我们多听少说的。善于倾听，才是一名优秀销售人员最基本的素质。

　　大多数的人都喜欢"说"而不喜欢"听"，特别是没有经验的销售人员，认为只有"说"才能够说服客户购买，但是客户的需求、客户的期望都是由"听"而获得的。你如果不了解客户的期望，你又如何能达成取得订单的期望呢？

在与客户沟通的过程中，最有效、最重要的沟通原则与技巧是成为一位好听众。如果你能专注倾听客户说话，自然可以使客户在心理上得到极大满足与温馨，有利于促成销售成功。

销售员在运用倾听技巧时，要注意以下几点：

1. 倾听的专注性

销售中，我们要排除干扰，集中精力，以开放式的姿势，并认真思考，积极投入的方式倾听客户的陈述。

2. "听话听声，锣鼓听音。"

认真分析客户话语中所暗示的用意与观点，整理出关键点，听出客户感情色彩，以及他要从什么方面来给你施加混乱。

3. 注意隐蔽性话语

我们要特别注意客户的晦涩语言，模棱两可的语言，要记录下来，认真质询对方，观察伴随动作，也许是他故意用难懂的语言，转移你的视线与思路。

4. 同步性

当在倾听时，我们要以适宜的身体语言回应，适当提问，适时保持沉默，使谈话进行下去。

第五章　建立朋友圈：
销售就是要搞定人

人脉是通往财富的入门票

现代社会的日益发展已经越来越显示出人脉的重要性。市场细分、专业分工，只要你拥有一项资源，就可以为你的生活创造机遇与财富，而其中人脉是所有资源中不可或缺的一项。如果你有敏锐的洞察力，去捕捉商机，加上你的人脉，那就意味着财富。

京城"火花"首富吕春穆，原是北京一所小学的美术教师。一天，他在杂志上看到有人利用收集到的火柴商标引发学生们学习兴趣和创作灵感的报道，他决定收集火花。于是，他展开了广泛的交际活动。首先油印了200多封言辞中肯、情真意切的短信发到各地火柴厂家，不久就收到六七十个火柴厂的回信，并有了几百枚各式各样的精美的火花。

此后，他主动走出去以"花"为媒，以"花"会友。1980年，他结识了一位热心的"花友"。这位花友一次就送给他20多套火花，还给他提供信息，建议他向江苏常州一花友索购一本花友们自编的《火花爱好者通讯录》，由此他欣喜地结识了国内100多位未曾谋面的花友。他与各地花友交换藏品，互通有无；他利用寒暑假，遍访各地藏花已久的花友，还通过各种途径与海外的集花爱好者建立起联系。就这样，在广泛交往中他得到了无穷无尽的乐趣和享受，为他成名创造了机会。

他先后在报刊上发表了几十篇有关火花知识的文章，还成为北京晚报"谐趣园"的撰稿人。他的火花藏品得到了国际火花收藏界的承认，并跻身于国际性的火花收藏组织的行列。1991年，他的几百枚火花精品参加了在广州举办的中华百绝博览会……他以14年的收藏历史和20万枚的火花藏品，被誉为"火花大王"而名甲京城，独领风骚。

很显然，吕春穆的成功得益于交际。他以"花"为媒，结识朋友，通过朋友再认识朋友，一直把关系建立到全球，从而，一次次机会降临，使他走向了成功。

成功的过程，是一个不断积累人脉的过程。美国成功学大师卡耐基经过长期研究得出这样的结论："专业知识在一个人成功中的作用只占15%，而其余的85%则取决于人际关系。"因此，不管你从事哪个行业，只要你拥有良好的人际关系，再加上你的能力，你想取得很好的业绩并不是难事。难怪美国石油大王约翰·D·洛克菲勒说："我愿意付出比天底下得到其他本领更大的代价来获取与人相处的本领。"

严涛，五合国际建筑设计集团副总经理，人到中年，年收入已在100万元以上，还是一位知名的建筑设计师。曾经的楼王——售价达到1.3亿元的"紫园1号"，其设计者之一正是严涛。

记者在采访他的时候问他成功的秘诀是什么，严涛认为除了拥有独特的建筑设计理念外，超强的人脉关系是他成功的关键。在他的职场生涯中，几次转机都得益于良好的人脉关系。

严涛大学毕业后进入冶金工业部重庆钢铁(集团)设计院工作。在外人看来，这绝对是一份稳定的工作。但他在这家设计院工作了近一年时间后，便接到了一位有见识的朋友的邀请，毅然辞职来到了海口市。当时的海口房地产业正在蓬勃发展中，他应邀加入了一家民营建筑设计公司，他的工资一下子涨到几千元。在这里，他还有了更多机会，结识了很多志同道合的朋友，这对他此后职场之路的发展起到了不可估量的作用。

海南的房地产市场在20世纪90年代中期就开始走下坡路，进入长达8年之久的"房产熊市"。显然这样的状况对正在发展事业的严涛会有很大冲击，这个时候，他接到了一个电话，是青岛的朋友推荐他去青岛建筑行业发展。于是严涛欣然前往，并在1998年担任西北建筑设计研究院青岛设计部总建筑师，1999年担任青岛海尔科技馆工程指挥部设计总监，这两个重要职务为他后来的职场之路起到了不可低估的作用。

1999年，严涛曾在海南结识并帮助过的一个朋友海外留学归来，并打算创办一家设计公司，力邀严涛加入。这时的严涛也感到自己的职业生涯发展遇到了一个瓶颈，需要新的突破，于是便答应下来，并在2001年加入了业界知名的五合国际建筑设计集团，担任副总经理一职。

严涛在毕业后短短五年时间里，从一个普普通通的设计师，成长为一个知名的总建筑设计师，这一方面说明他个人具备很强的学习认知能力，并能够迅速接受新的知识。另一方面，也是最重要的一环，即他在建立自己的人脉关系网络上面很有心得，比如在海南结识的朋友，在其后长达五年时间内没有失去联系，这恰恰为他的人生转机创造了机会和必然。

在自己的发展道路上，结交朋友，让朋友推进自己的发展，有时要比只凭自己的努力更容易接近成功。这个道理，在严涛的身上能够得到很好的印证。对于销售人员来说，多结交朋友，让朋友多提供一些机遇，距离成功也不会太远了。

许多成功的事例告诉我们，"聚财先聚人"，没有人脉什么事情都干不成。也许你拥有技术和一身的本领，同时还有一些资金，但是由于缺少人脉，往往导致你事业上的进展举步维艰。美国前总统的西奥多·罗斯福曾说："成功的第一要素是懂得如何搞好人际关系。"的确，成功要靠别人，而不是单凭自己。一个人有多成功，关键要看他服务了多少人，和多少人在为他服务。所有成功人士都有一个共同点，就是拥有大量的人脉资源，并保持着良好的关系。

让客户欠你的人情

人们常说："世上的钱债易还，人情债难还。"的确，金钱的债务无论多少都有个数目，而感情的债务却无法用冰冷的数字来衡量。讲究情义是人性的一大特点，中国人尤其如此。在销售实践中，如果你能悟透其中的奥妙，不失时机地付出自己的感情投资，往往会收到良好的效果。虽然短时间里不见得有多少回报，但长远来看，这种投资肯定比股票的投资收益要大。

乔·吉拉德是美国汽车推销大王，他认为在推销中重要的是"要给顾客放一点感情债"。

他的办公室通常放着各种牌子的烟，当顾客来到他的办公室忘记带烟又想抽一支时，他不会让顾客跑到车上去拿，而是问："你抽什么牌子的香烟？"听到答案后，就拿出来递给他。这就是主动放债，一笔小债，一笔感情债。一般顾客都会感谢他，从而建立友好洽商的气氛。

有时，来的顾客会带来孩子。这时，吉拉德就拿出专门为孩子们准备的漂亮的气球和味道不错的棒棒糖。他还为顾客的家里人每人准备好了一个精致的胸章，上面写着"我爱你"。他知道，顾客会喜欢这些精心准备的小礼物，也会记住他的这一片心意。

吉拉德说，交到顾客手里的任何一样小东西，交到顾客家人手里的任何一样小玩意儿，都会使顾客觉得有所亏欠，欠下了一份情。这就是给他的感情债，不太多，可是有这么一点点就足够了。

吉拉德创造的是一种有节奏、有频率的"放长线钓大鱼"的促销法。他认为所有已经认识的人都是自己潜在的客户，对这些潜在的客户，他每年大约要寄上12封广告信函，每次均以不同的色彩和形式投递，并且在信封上尽量避免使用与他的行业相关的名称。

1月份，他的信函是一幅精美的喜庆气氛图案，同时配以几个大字"恭贺新禧"，下面是一个简单的署名："雪佛兰轿车，乔·吉拉德上。"此外，再无多余的话。即使遇上大拍卖期间，也绝口不提买卖。

2月份，信函上写的是："请你享受快乐的情人节。"下面仍是简短的签名。

3月份，信中写的是："祝你圣巴特利库节快乐！"圣巴特利库节是爱尔兰人的节日。也许你是波兰人，或是捷克人，但这无关紧要，关键的是他不忘向你表示祝愿。

然后是4月、5月、6月……

不要小看这几张印刷品，它们所起的作用并不小。不少客户一到节日，往往会问夫人："过节有没有人来信？"

"乔·吉拉德又寄来一张卡片！"

这样一来，每年中就有12次机会，使乔·吉拉德的名字在愉悦的气氛中来到这个家庭。

乔·吉拉德没说一句："请你们买我的汽车吧！"但这

种"不说之语"，不讲推销的推销，反而给人们留下了最深刻、最美好的印象，等到他们打算买汽车的时候，往往第一个想到的就是乔·吉拉德。

乔·吉拉德的经验证明了这样一个道理：顾客不仅来买车辆，而且还买态度，买感情。只要你给顾客放出一笔感情债，他就欠你一份情，以后有机会他可能会来还这笔债，而最好的还债方法就是购买你推销的产品。

情感是一种无形的资产，巧妙地运用这种资产，会收到意想不到的回报。你在感情的账户上储蓄，建立人情账户，就会赢得对方的信任，那么当你遇到困难或求人办事、需要对方帮助的时候，就可以得到这种信任换来的鼎力相助。而人情主要来自你以前的积累，来自你以前为现在的情感所作的"投资"。

一个小渔村，由于地处偏僻，沿途人少，所以通往外界的公交车只有两辆——101号和102号。开101号车的是一对夫妇，开102号车的也是一对夫妇。

坐车的大多是一些船民，由于他们长期在水上生活，因此，往往是一家老小一起进城。

101号车的女主人为人很精明，她很少让船民给孩子买票，即使是一对夫妇带几个孩子，她也是熟视无睹，只要求船民买两张成人票。有的船民过意不去，执意要给大点的孩子买票，她就笑着对船民的孩子说："下次给带个小河蚌来，好吗？这次让你免费坐车。"

而102号车的女主人恰恰相反，只要有带孩子的，大一点的要全票，小一点的也得买半票。她总是说，这车是承包的，每月要向客运公司交多少多少钱，哪个月不交足，马上就干不下去了。船民们也理解，几个人就掏几张票的钱，因此，每次也都相安无事。

不过，三个月后，门口的102号车不见了，听说停开了。因为搭她车的人少，真应验了她之前的那句话：马上就干不下去了。

故事中，101号车的女主人是把人情作为她获胜的法宝，利用感情投资在这场竞争中笑到最后。

人情像是一个存折，它是积蓄在人生银行账户中的，人情生意做得越多，人的一生的财富就会越丰厚。所以，人情账户存储的积累本身就是一笔丰厚的财富，而这笔财富是心与心的互换，是爱与爱的付出，更是金钱买不到也换不走的。天下没有一次性的人情。其实，帮人就是积德，帮人就是积善。这是中国传统中的礼尚往来，也是操作人情账户的全部精髓之所在。

中国有很多关于以心换心、以情动情的民谚——"投之以桃，报之以李""你敬我一尺，我敬你一丈"等，说明付出了总会有收获。很多时候，你在为自己人情账户储蓄的同时，被帮助的人也会牢牢记住你给予的帮助与恩情，把你当成一辈子都不敢忘记的人来报答。当你遇到困境需要帮助的时候，开启你人情账户的密码，只要你开口甚至不需要开口，你曾经帮助过的人一定会在关键的时刻站出来，帮助你渡过难关并走出困境。销售中的道理也是如此。只要你平时多付出关心和提供帮助，就能在有需要的时候得到帮助和回报。

与客户保持长期的联系

对销售人员来说，与客户保持联系是十分必要的。失去客户的一个主要原因就是：销售员没有及时跟踪销售。

没有哪一位客户喜欢被轻视，优秀的销售员总是强调一个原则："不要忘记任何一个客户，也不要让任何一个客户忘记你。"

销售不是一件简单的事情。销售员的职责是长期稳住客户，这样才能招徕回头生意。那么，如何与客户保持联系呢？

1. 定期会面接触

有些客户只是希望常常看到你的样子。他们喜欢你，那也是他们买你产品的一个原因。有些客户对人情世故是很讲究的。"我就愿意到他那里去买东西，因为他对我十分客气、尊重我，偶尔还愿意听听我的话。"当然也有些客户不在乎能不能见到你，甚至他们还不喜欢与人接近。碰到这种客户，我们就不要去打扰他。但是，尽管你不去打扰他，但你还得向他提供一些可以帮助他的信息，比如，提一些有建设性的建议、通报一下有关发展趋势的信息、告诉他们最近新的品牌、告诉他们同行业中某些人的做法或想法。如果你总是充满友善、积极的想法并且愿意与他们共享，你就不会为有许多人希望见到你而感到惊讶。

2. 电话联络

建议你与你最好的客户每月至少通一次电话，并且每周专门安排出一个下午打这种服务性的电话。当你这样做了之后，你将会对它们给你带来的好处和机会感到意想不到的惊喜。

你每个月都会得到一些特殊的信息，每个月都会得到些新思想，被客户介绍来的新客户会络绎不绝。你打电话通常要询问的内容不外乎是产品的质量、使用的效果等，最多问一问他们对你的个人的评价。这种电话打的时间不必很长，但要养成定期与你最好的客户通电话的习惯。这种习惯将会使你得到很可观的回报。

3. 书面联络

你可以同客户采取几种书面联络的形式：

（1）写一张便条。

（2）每月写一封正式的信函。

（3）寄送一些定期的新闻报道。这类的新闻报道可以介绍你自己的经营概况，也可以是你从外界得到的材料，但要印上你们公司的标记，让对方知道是你寄去的。

（4）复印报刊的文章，当然你得知道你的客户对哪方面的文章感兴趣。

（5）复印一些简报寄给你的客户，当然你也要了解他对哪方面的内容感兴趣，或者想同哪些人打交道。

（6）届时寄出一些道谢卡、生日祝贺卡、周年纪念卡，以及一些主要节日的祝福卡。

老客户是一座金矿

维护好一个老客户等于开发了十个新客户，尽管这是很多销售人员都通知的道理，但却因种种原因往往被忽视。

小王是一家体育器材公司的销售人员，他的销售对象是住在豪华别墅里的那些有钱人。每天小王都很忙碌，不停地寻找新的客户，以至没有太多时间去处理老客户的问题。

一些买了小王产品的人，总是抱怨公司的服务太差，因为他们反映的问题，常常没有人给他们解决。

小王很勤奋，也很热情，他对每一个潜在客户都是彬彬有礼，并留下名片。但他的业绩却直线下降。

正当小王迷惑不解的时候，他碰到了自己的同事——在另一个社区销售同样器材的小李。小李的客户单上的名字是满的。小王不解：自己不比他做的时间晚呀，自己也很勤奋呀，为什么他的客户群如此庞大？当得知小李每天三分之二的时间都是和老客户一起度过时，小王更加困惑了。

他不解地问小李："你大部分时间浪费在跟过去的老客户的交往中，你哪有那么多时间去开辟新的市场？你怎么会有这么多的客户呢？"

小李微微一笑："与老客户交流怎么能叫浪费时

间呢？"

"他们买过你的器材一次，根本不会买第二次了嘛！"

"不错，大部分人是不会买第二套健身器材，但是他们的朋友会买第一套啊。当他们感到我的服务还不错的时候，他们会向亲朋好友推荐自己使用的产品，顺便也会推荐我啊。我的好多客源都是老客户推荐的呢！"

小李的话让小王陷入了沉思，看来自己是要改改陈旧的销售观念了。

在我们身边，很多销售人员都在犯和小王一样的错误，他们认为很多交易都是一次性的，因此，一味地追求成交，而忽视或省略了售后的跟踪和服务。开发新客户固然重要，但使已成交的老客户满意并持续消费，愿意推荐新客户更为重要。

销售工作很容易被看成以成交作为终结的一次性活动。用这种观念指导销售工作，会把每一次销售都变成孤立的、分割开来的行动，会觉得每次都是从头开始，因此获得成功颇为不易。但是优秀的销售人员却把销售工作看作是关系的建设和感情的积累，每一次成交不是一次销售的结束，而是另一次销售的开始。这样的销售是连续的、不间断的，昨日的业绩为今日的成功奠基，今日的成功为明日的辉煌铺路。

一般来说，每个销售人员手中都拥有一批老客户，这些客户无论在感情上还是在交易上都有一定的基础，因此，确保客户较之发掘新客户要容易得多，向老客户多销售些产品也比卖给新客户要容易。所以，千万不可怠慢了老客户。

有销售人销员一旦交易成功，尤其是获得对方长期订单后，便认为这位客户已属自己所有，于是松懈起来，例如不再严格遵守供货时间；在产品供不应求时，为了获得大宗销售额供货给新客户，却卡掉应给老客户的货；更有甚者，在对老客户的态度上来个180度的大转弯，不再像初识时那样客气谦恭，而是口气傲慢，这些都会严重伤害老客户的感情。

应该看到，成交前的进攻固然艰难，成效后的保持更为困苦。切不可把老客户视为自己的囊中之物，以为一朝拥有便关系永存。殊不知，恩爱夫妻尚有感情破裂之时，何况交易伙伴？对老客户稍有怠慢，就可能断绝关系，导致合作失败。很多时候，老客户提出断绝关系是因为被销售人员伤害了感情。我们要知道，销售中没有绝对的"势力范围"，竞争对手从来不会对别人的客户采取绕开道走的政策，相反会千方百计寻找一切机会挖走别人的客户。因此，如果你在服务方面怠慢老客户，恰恰是给竞争对手以可乘之机。从长远看，业务关系比销售额对销售人员更重要。任何情况下，你都要首先考虑确保已有的业务关系。可以说，确保老客户是销售活动的基础。

现在，我们来一起看一组数据：

开发一位新客户的成本比留住一位老客户要高出5～10倍；

老客户的忠诚度下滑5%，公司的利率将会下降25%；

向新客户推荐产品的成功率为15%；

向老客户推荐产品的成功率为50%；

60%的新客户来自老客户转介绍；

……

可以说，老客户是一座金矿。曾获得"世界最伟大的推销员"称号的美国推销专家乔·吉拉德在其自传中写道："每一个客户的背后都有250个人，促销员若是得罪一个人，也就意味着得罪了250个人；相反，如果促销员能够发挥自己的聪明才智赢得了一个顾客，也就同时得到了250个关系。"这就是著名的乔·吉拉德的"250定律"。美国哈佛商业杂志发表的一篇研究报告指出：多次光顾的顾客比初次登门的人可为企业多带来20%～85%的利润。

  大学毕业后，贝利就开始踏上了纯水机的推销之路。贝利首先遇到的一个难题是，如何向那些从未听说过这种牌子的人推销。很显然，要和一些已经占领市场的名牌产品进行硬碰硬的竞争是不容易的。

  在对以上问题进行过一番分析之后，贝利意识到，如果不能将自己所提供的服务与其他竞争者的服务加以区分，那么又怎能期望人们去购买自己的纯水机呢？

  贝利认识到，对客户说漂亮的话是没有多大用处的，因为这种话人人会说。得找法子向客户展示出他们无法从其他竞争者那儿获得与自己做生意时相同的利益。贝利常常自问：如何让我的潜在客户知道我将提供给他们特别的服务？因为这种附加价值将是他们极其乐意与我做生意的原因。

  后来，贝利想到了一个绝妙的主意——让客户为自己推销！事后证明，贝利的这个做法是完全正确的，因为贝利正是通过为数不多的客户打开了销售局面。

  由此，贝利充分认识到，成功的推销需要有庞大的人际关系作后盾，这就好比一座高楼大厦的崛起需要无数的砖头做地基一样。迅速同客户建立长期良好的人际关系，无论是对促成交易，还是建立与公司的长期关系，都是至关重要的。良好的人际关系又被定义为密切的人际关系，当事人彼此之间通常都能相互信任，感情默契。

在贝利让客户帮自己推销的经历中，让贝利记忆最为深刻的是一位叫杰克的客户。那时，贝利的推销陷入困境，因为和杰克已经建立了良好的客户关系，并且逐渐成了很好的朋友，于是他们相互间也显得很亲密。有一天，贝利向他提出了帮自己推销的想法，他很爽快地就答应了。

杰克首先向他的同事和邻居推荐贝利的产品，他们用过之后都觉得比那些所谓的名牌产品实惠，因为贝利的东西质量的确很好，而且和那些名牌产品相比较，价格却比它便宜了许多。在杰克的大力帮助下，贝利的销售业绩迅速攀升。

老客户的推荐是新客户光顾的重要原因之一。一个人可以影响一群人，其中家庭、朋友、领导和同事是与其有经常持久相互影响的一个重要的亲友圈子，这个群体会产生压力使每个人的行为趋向一致，从而影响个人对产品和品牌的选择。

对销售人员来说，客户资源是提升业绩的基础。只有维护好固定的老客户，不断地开发新客户才能让公司发展得越来越好，自己的事业才会越做越好。

维护老客户是销售的重要策略。不管在什么行业，好的销售人员可以让客户有更好的体验。过来一个客户，感动一个客户，做一次生意，还要想着下一次生意。只有这样，才是可持续的销售之道。

与客户真诚交朋友，你会获益多多

销售工作是一个需要广泛人际关系的工作，如果你拥有广阔的人际关系，就等于拥有了一笔不容忽视的潜在财富。

在人际交往和认知过程中，人们往往存在一种倾向，即对于与自己友好的对象，会更加乐于接近，把他视为自己的朋友。一旦成为朋友，双方会更加容易发现和确认对方值得自己肯定和引起自己好感的事情，不断巩固并深化自己对对方已有的积极性评价。在这一心理定势的作用下，朋友之间的相互交往与认知必然在其深度、广度、动机、效果上，都会超过非朋友之间的交往与认知。销售工作也要受上述规律的支配，如能和客户成为朋友，对于自己的事业无疑是十分有益的。

我们看看乔·吉拉德是如何做的。

"嗯，你看，我现在才来买你的车。"比尔抱歉地说。

"难道你不买车，就不愿顺道进来看看，打声招呼，我还以为我们是朋友呢。"

"是啊，我一直把你当朋友，乔。"

"你每天上下班都经过我的展销区，比尔，从现在起，我邀请你每天都进来坐坐，哪怕是一小会儿也好。现在请你跟我到办公室去，告诉我你最近都在忙什么。"

　　当一位满身尘土、头戴安全帽的顾客走进来时，乔·吉拉德就会说："嗨，你一定是在建筑业工作吧。"很多人都喜欢谈论自己，于是乔·吉拉德尽量让他无拘无束地打开话匣子。

　　"您说得对。"他回答道。

　　"那您负责什么？钢材还是混凝土？"乔·吉拉德又提了一个问题想让他谈下去……

　　在不知不觉中，两个人已经成为好朋友。

　　还有一次，当乔·吉拉德问一位顾客做什么工作时，对方回答说："我在一家电子机械厂上班。"

　　"噢，那很棒，那你每天都在做什么？"

　　"光盘一类的精细产品。"

　　"真的吗？我还从来没有见过造光盘等电子类东西是怎么回事呢？方便的话，我真想上你们那儿看看，欢迎吗？"乔·吉拉德只想让对方知道自己是多么重视他的工作。或许在这之前，从未有谁怀着浓厚的兴趣问过他这些问题。

　　等有一天乔·吉拉德特意去他厂里拜访他的时候，看得出他真是喜出望外。他把乔·吉拉德介绍给年轻的同事们，并且自豪地说："我就是从这位先生那儿买的车。"乔·吉拉德呢，趁机送给每人一张名片，正是通过这种策略，他获得了更多的生意。

　　其实做生意就是交朋友，当你不断地与客户建立牢固的友谊时，你便有了广泛的人际关系，那时离成功也就不远了。

　　无数营销实践证明，业绩好源于人缘好，客源的丰富来自人际关系的丰富。人脉是宝贵的销售资源，作为销售员，你很多时候都可以凭借着良好的人际关系推销产品，这不仅能轻松地推销出你的产品，还能结交更多的朋友。相反，如果你不擅长运用人际关系，交际圈子狭小，性格孤僻内向，那么你就很难将你的产品推销出去。

销售工作不只是单一的商务往来，它还伴随着人情。从某种意义上说，与你生意往来的对象也不仅仅是客户，他们同时也是你的朋友。如果你能把客户当作朋友那样对待，做足了人情，客户自然情动于衷而后发乎于外，你还愁生意不到手吗？

廖明忠是一名洗衣机销售员。曾经有一段时间，洗衣机非常不好销售，有时为了做成一笔生意，也常常要跟客户几次三番地谈，谈得客户不胜其烦。遇到朋友聚会的时候，更是句句不离本行，那架势，恨不得在聚会结束之前就能签成几笔合同。但最终的结果却不太乐观，一般朋友甚至会疏远他，见了他避之不及。

然而，他的同事周伟豪每次聚会都收获颇丰，但是他的洗衣机销售合同却不是在聚会上签订的，而是在聚会后的一段时间内，那些参加聚会的朋友主动打电话请他办理的。廖明忠问他有什么秘诀，他微微一笑说："要说秘诀，只有一句话，那就是'不谈洗衣机'。""不谈洗衣机，你的朋友怎么会来找你买机器？"廖明忠奇怪地问。

周伟豪说，每次参加聚会，除了介绍自己的职业是洗衣机销售员之外，他把更多的时间放在了和参加聚会的人的交流上。一次聚会的时间有限，要巩固和老朋友的感情，还要结识新的朋友，就必须抛开销售，和各个阶层的人谈他们感兴趣的话题。说话的时候，要多站在对方的立场上考虑问题，让对方产生倾诉的欲望。

聚会结束以后，无论工作多忙，周伟豪都会抽出时间来给那些朋友打个电话，问一问最近的生活工作状态，遇到的问题是不是解决了等，让朋友们知道自己惦记他们的同时，也进一步加深了自己在朋友脑海里的印象。"我要让我的每一个朋友都认识到，虽然我靠推销洗衣机生活，但是在我眼里，朋友远远比推销重要！"周伟豪不无自豪地说，"这样一来，朋友们觉得我可以信赖，所以当他们遇到某些我能帮上忙的问题的时候，自然而然就会想起我来，我的业务量自然也就上去了。"

俗话说："朋友多了路好走。"无论做哪一行，都要先交朋友后做生意，先赚人气再赚财气。这样，可以尽可能地减少商业摩擦和阻力。这就是商场上的政治学。其实，能够正确处理好与客户之间关系的高手，往往能够在商场中长袖善舞，并能游刃有余地处理关于客户的各种复杂关系，从而广结善缘、广揽合作，进而广开财路、广辟财源。

先交朋友再做生意，这并非刻意拉拢，而是以心换心。你真心待人，别人自然也会真心待你。当你真心把客户当成朋友，彼此倾吐肺腑之言，互相体恤爱护，那么朋友也成了，生意自然水到渠成。

我们要和客户交友，需要以诚相待。销售的过程，其实就是人与人之间的心灵沟通的过程。因此，想要交易成功，仅仅依靠语言等肤浅的技巧是远远不够的，我们还要学会把握客户的心理，迎合客户的兴趣，用真诚来打动客户，使他对你产生信赖感，视为自己的朋友。

主动帮助客户，你也一定会受益

社交的本质就是不断用各种形式帮助他人成功，共享出你的知识与资源、时间与精力、朋友与关系、同情与关爱，从而持续地为他人提供价值，同时提高自己的价值。美国散文作家爱默生说："人生最美好的一项补偿，就是凡事诚心诚意的帮助他人，最终自己也一定会受益。"古罗马悲剧作家塞内卡也说："让自己获得好处的最佳方法，就是将好处施诸别人。"所以，你想要获得好的成就、好的人缘，就是要布施、要服务、要帮助别人。

有一个保险销售员就是因为主动帮助客户而做成了一笔大生意。有一次，这位销售员去见一位准保户，解说过程很短，因为对方说，他那位有钱的农夫叔叔有紧急事情待办，而且他对储蓄险没兴趣。事实上，这位销售员把文件拿出来之前，准保户就已经往外走了。

销售员走回停在庭院里的车子旁边，见到客户口中的那位叔叔正躺在地上修理汽车引擎。销售员走过去，告诉那位先生修理引擎是他最拿手的，他立刻脱掉夹克，卷起袖管，花了整整两个小时修好引擎。销售员再度受邀回屋里喝一杯，而女主人则留他吃晚餐。当他准备离开时，主人要求他第二天再来谈储蓄险的事。

第二天，这位销售员做成了这笔交易。

人与人之间的交往是相互的，当你主动帮助别人的同时，别人也会帮助你。同样的道理，销售人员如果有机会帮助客户，千万别错过时机。你帮助了客户，替他解决了一个难题，他也因此欠了你一个人情，此时，你再向他销售产品时，他便不好意思拒绝了。所以说，当客户需要帮助时，就是销售人员对他们更加关注的绝妙时机，也是销售成功的大好机会。

你能帮助多少人，就有多少人帮助你。一个人能成功并不是他从别人那里获取了很多，但绝对是有很多人愿意支持他。因为你先帮助别人得到了他们想要的，当别人得偿所愿时，他自然会给你你想要的。生活中，我们不要老是想从别人身上得到什么，应该想我能够给予别人什么，付出什么样的服务与价值来让对方先获得好处。当你能持续这么做，并且大量帮助别人获得价值的时候，也就是你该成功的时候了。因为那些获得你帮助的人会慢慢累积成一股庞大的力量，回馈给你所需要的帮助与支持。

路易斯中学毕业后，就在一家家具店做销售员。一天中午，他正在家具店里打扫地面，一位上年纪的妇女走了进来，路易斯接待了她。

"我能为您做点什么吗？"

"噢，是这样的。我以前在你们店里买了一张沙发，可现在它的一条腿掉了。我想知道，你们什么时候能帮我修好？"

"您什么时候买的？"

"有10年左右了吧。"

由于沙发买的时间太久了，路易斯不能马上给予答复，便跑去问经理说，这位客户想让我们免费为她修理10年前买的旧沙发。经理吩咐路易斯告诉她，下午就到她家里去修沙发。

路易斯和经理给那位老妇人的沙发换了一条腿，然后就离开了。在回家的路上，路易斯一声不吭。经理问："怎么了，为什么不高兴？"

"我们是卖家具的，不是修家具的。假如总是这样跑大老远地给人免费修沙发，到头来我们能挣几个钱呢？"

"不能这样想，你得尊重和帮助你的客户。况且，学着做一些修理活儿对你没有坏处。另外，你今天错过了最重要的一个细节。我们把沙发翻过来后，你有没有注意到那上面的标签？其实，这张沙发不是我们店卖的，而是从其他家具店买的。"

"你的意思是，我们为她修理沙发，一分钱不收，而她根本就不是我们的客户？"

经理看着路易斯的眼睛，郑重说道："不！现在她是我们的客户了。"

两天后，那位老妇人再次光临。这一次，她从路易斯的店里买走了价值几千美元的新家具。

如今，路易斯在销售行业已经干了30多个年头。他一直给不同的公司做销售代理，而路易斯的销售业绩始终是最好的。

只有帮助别人，才能成就自己。这是利人利己的人际关系模式，也是双赢的销售法则。有些时候，成功并不在于你赢过多少人，而在于你帮过多少人。记住，帮助别人成功的同时，自己也会成功。

维系客户，做好名片管理工作

对销售人员来说，最重要的便是与客户的沟通，而结交新客户大多离不开名片，但是你是否对收到的名片进行了有效的管理？你是不是有过这种情况：在大型的交易会后，名片收到了一大把，你往家里或办公室里随手一放，如果不及时整理，时间长了还容易搞丢。即便保存完好，每次在查找一个人的电话时，还是要手忙脚乱地翻上半天。但是，如果你做好名片的管理工作，就不会出现以上这些情况。

不要小看了小小的名片，它可是你销售人脉中重要的资源。因此，对名片的管理十分必要。那么，我们该如何做好名片的管理工作呢？

首先，当你和他人在不同场合交换名片时，务必详尽记录与对方会面的人、事、时、地、物。对于自己的人脉进行分类（当然不仅仅局限于名片的管理），可以分为亲戚、同学、同乡、同事、战友、老师、生意上的朋友等。很多具有个人通讯录功能的软件以及手机通信录等都能帮到你。

首先，最主要的还是要根据销售工作的特点来管理好自己新认识的朋友，毕竟亲戚、同学、同事、战友、老师等数量不多，经常联系，而且不会发生太大变化，此类的人脉关系维护是相对简单和容易的。变化最大的当然就是由于工作关系建立起来的人脉关系，由于销售活动交换名片而建立起来的关系如果维护不好，是很容易失去的。对于由于工作关系而建立起来的关系，可以根据工作的种类进行分类。具体分类可以根据自己的习惯、爱好进行分类，原则是便于记忆，方便管理。交际活动结束后，应回忆复习一下刚刚认识的重要人物，记住他的姓名、企业、职务、行业等。第二天或过个两三天，主动打个电话或发个电邮，向对方表示结识的高兴，或者适当地赞美对方的某个方面，或者回忆你们愉快的聚会细节，让对方加深对你的印象和了解。

其次，对于收集的名片除了要记录收到名片的日期、认识对方的方式以及与对方的业务内容以外，还可以写一些对对方的评价和印象等等，以留作日后与对方再次接触时的参考。当然如果收到对方最新版本的名片，可以把旧名片的内容转移到最新的名片上，旧的就可以丢弃了，以减少管理名片的工作量。

再次，养成经常翻看名片的习惯。经常翻看自己收集的名片是一种很好的习惯，翻看的同时可以回忆起与这个朋友交往的过程，不断的回忆就会强化对朋友的认识，不至于下次见面，仅仅记得"这人我好像见过"，但是其他的就想不起来了，更有甚者，如果对方叫出了你的名字，而你还停留在"这人我好像见过，叫什么不知道了"的水平上，你就会很尴尬。除此以外，工作的间隙，翻一下你的名片档案，给对方打一个问候的电话，发一个祝福的短信等，会让对方感觉到你的存在和对他的关心与尊重。

最后，清理没用的名片。对你手边所有的名片与相关资源数据进行全面性整理，依照关联性和重要性、长期互动与使用概率、数据的完整性，将它们分成三堆，第一堆是一定要长期保留的，第二堆是不太确定，可以暂时保留的，第三堆是确定不要的。将确定不要的销毁处理。

第六章 销售攻心术：
不懂心理学就做不好销售

销售是"心"与"心"的较量

销售不仅是"嘴"上功夫，更是一种心与心的较量。要想提高销售业绩，销售人员就必须懂得一定的心理学，要能够在不知不觉间攻入客户的内心，疏通客户的心理，从而让客户满心欢喜地接受你的观点、意见、提议以及请求。

销售界流传一句名言："成功的销售员一定是一个伟大的心理学家。"的确，一个成功的销售员往往不是因为有一副三寸不烂之舌，而是因为他精通心理学。销售人员在业内的地位怎样，能取得什么样的业绩，在很大程度上取决于他对客户心理的掌控能力。

事实上，每个销售员从一开始找到客户到完成交易，他所需要的不仅仅是细致的安排和周密的计划，还需要和客户进行心理上的交战，从这个角度来看，销售不仅仅是销售员与客户之间进行商品与金钱等价交换那么简单，只有学会洞悉客户的心理，然后对症下药，才能更好地提升你的销售业绩。

美国销售大师甘道夫博士有一句名言："销售是98%的了解人性加上2%的产品知识。"由此可以看出，销售员要想提升销售能力和销售业绩，就要上兵伐谋，攻心为上。

在一家玩具店里，一位看上去愁眉不展的男士，在玩具展台前瞧来瞧去，拿不定主意。销售人员赶紧走过去，彬彬有礼地发出试探的信息："先生，您好，是给小孩买玩具吗？"

男士说："是的，我也不知道该买什么样的，现在的小孩真是难伺候极了。"不经意的回答，尤其是最后一句，让销售人员的心里顿时兴奋起来，马上就接着客户的话题说："是呀，尤其是10岁以前的小男孩，好像什么都满足不了他，当爸爸的可真是费脑筋呢！"

"太对了！我觉得爸爸是世界上最累心的角色了！"男士好像一下子找到情绪的发泄口，抬起头，跟销售人员聊起他八岁的儿子，说他是多么的调皮，买的十几个五颜六色的气球，一会就扎破，给他买画册，也全给撕坏了，不管什么玩具，都玩不了几天，特别淘气。

销售人员听到这里，顺势拿起一款玩具飞碟，向他推荐说："以我多年跟小孩打交道的经验看，这种飞碟一定适合您的孩子。"

她一边说，一边打开玩具飞碟的开关，拿起遥控器，熟练地操纵着，强化着自己的语气："这种玩具飞碟，玩起来特别有趣，不像气球或画册，看两眼就没意思了。您的孩子很聪明，对新鲜玩具肯定是一学就会，所以，这种操纵较为复杂的飞碟，他一定能够长时间喜欢的，这样您就不必为了寻找更新更好的玩具而费心了。"

介绍产品的时间用了两三分钟，言简意赅，符合这位男士的期待心理。果然，客户马上就问："多少钱？"销售员说："100元，赠送两个遥控器。"男士皱了皱眉头，犹豫地说："太贵了！"

销售人员用亲和与理解的口吻，笑着说："的确，现在市场上很多同类的玩具都太贵了，在一些店里，这款玩具卖到了150元呢！孩子的玩心足，做爸爸很费心呀！每年在玩具方面的花费，就是一笔不小的数目！这样吧，价格给您降到90元，您看可以吗？"

看到销售人员这么善解人意，男士爽快地答应了，买了一套玩具飞碟。在即将出门时，他转身回来，又购买了两辆遥控小汽车，留下了电话号码，并且对销售人员说："谢谢你的建议，我今后一定多给他找一些耐玩且有益智类的玩具，希望你也帮我留意一下，有新的玩具到货时，及时给我打电话。"

销售人员认真地记下客户的电话，递上了自己的名片，最后又特意叮嘱客户："现在市场上很多玩具质量都不好，如果您从本店购买的玩具发现了质量问题，三天之内可以凭借发票无条件更换、退货。"

销售首先需要考虑的不是赚取金钱，而是获得人心。在这个案例中，客户因为孩子对玩具喜新厌旧，让他不胜烦恼。销售人员巧妙地抓住了他这一心理，站在他的立场上，用替他解决问题的方式，向他推荐本店合适的产品，让客户产生了认同心理。当客户对价格不太满意时，销售员首先做的不是为自己产品的价格辩解，而是主动降价，并借机暗示市场上的同类产品价格极高，掌握了销售的主动权。

销售，不仅仅是简单地把商品推销给客户，而是一场心理博弈战，谁能牢牢掌握住客户的心理，谁就能在销售战中脱颖而出，成为最后的王者。所以，如果你想钓到鱼，就得像鱼那样思考。先做客户的知心人，再做赚钱的生意人！

投其所好，谈论客户感兴趣的话题

在销售中，如何沟通才能打动客户的心呢？最佳的方法莫过于投其所好，谈论客户感兴趣的事物，如此一来，他会认为我们是一个善解人意的人，从而对我们产生好感。

"酒逢知己千杯少"，两个意气相投的人在一起总觉得有说不完的话。因此，我们在和客户交往时，不妨多谈论客户感兴趣的话题，让客户视你为知己，从而迅速拉近距离，增进感情。

　　有一次，业务员王鹏出差去西安，任务是与当地一家公司签订销售电脑的合同。王鹏到了该公司老总的办公室，看到书架上放了一整排房地产方面的书籍。王鹏开始并没有直接进入推销电脑的话题，而是跟老总闲聊了起来。

　　"李总，听您口音是西安本地人吧？西安真是个好地方，我一下飞机就喜欢上这儿了。"

　　李总面露微笑："是啊，我从小在这古城墙下长大的，大学毕业后又回到家乡创业，我恐怕一辈子也不会离开这里了。"

　　王鹏又说："毕竟是六朝古都，西安就是有一种低调的大气在里面，不用张扬，外人却都感觉得到。"

　　一番开场白说得李总频频点头。王鹏趁热打铁："李总，我看到您有好多房地产方面的书，您真是博学。"

　　"也没有，只是初步了解一下，西安的房地产也越来越发达了，我也有意涉足。"

　　"真是太巧了，我哥哥就是做房地产的，我跟您说说他们幕后的事情吧。"

　　就这样，王鹏与李总从房地产说到金融业，从基金股票聊到保险期货，甚至于人民币升值和美军在伊拉克的局势都聊得热火朝天。结果聊着聊着都时近中午了，老总突然想起了王鹏此行的目的，让王鹏介绍了所销售的电脑的情况，又看了合同，爽快地签了字。

最后，李总对王鹏说："看你这个人的性格和谈吐，我就知道你们的产品肯定没错，如果这次合作愉快，我们二期办公室改造的电脑采购还交给你们公司，我下次就找你了。"

一次谈话，不仅谈成了生意，而且拓展了潜在的业务。推销员王鹏的成功之处就在于发现了客户的兴趣爱好，找到了与客户说话的共鸣点。所以说，要使客户喜欢你，原则上是要拿对方感兴趣之事当话题，让他感觉到自己的重要。在满足对方的自尊心之后，很多事情都迎刃而解了。

投其所好是销售的一个技巧。谈论客户感兴趣的话题，是为了与对方找到共同话题，为自己后来要说的话做铺垫。只要双方有话可谈，再不失时机地进行适当的赞美，客户就会对你产生好感。

在销售过程中，销售人员必须跟着客户的兴趣走，谈话没有共同点是很难进行下去的。例如，看到阳台上有许多盆栽，你不妨说："你对盆栽很感兴趣吧？花市正在开郁金香展，不知道你去看了没有？"看到高尔夫球具、溜冰鞋、钓竿、围棋都可以展开话题。不仅如此，对各种时尚、众人感兴趣的话题也要多少知道一些，总之最好是无所不通的。

许多有经验的销售员都喜欢投其所好以说服客户，这方面成功的案例数不胜数。刚开始的时候，客户可能对销售员、对交易很厌烦，但是后来由于销售员巧妙地聊起了他们感兴趣的话题，而使对方产生了好感，并最终交易成功。

在一次大型汽车展示会上，某公司的汽车销售人员林霞结识了一位潜在客户。通过对潜在客户言行举止的观察，林霞分析这位客户对越野型汽车十分感兴趣，而且其品位极高。虽然林霞将本公司的产品手册交到了客户手中，可是这位潜在客户一直没给林霞任何回复，林霞曾经有两次试着打电话联系，客户都说自己工作很忙，周末则要和朋友一起到郊外的射击场射击。

后来经过多方打听，林霞得知这位客户酷爱射击。于是，林霞上网查找了大量有关射击的资料。一个星期之后，林霞不仅对周边地区所有著名的射击场了解得十分深入，而且还掌握了一些射击的基本功。再一次打电话时，林霞对销售汽车的事情只字不提，只是告诉客户自己"无意中发现了一家设施特别齐全、环境十分优美的射击场"。下一个周末，林霞很顺利地在那家射击场见到了客户。林霞对射击知识的了解让那位客户迅速对其刮目相看，他大叹自己"找到了知己"。在返回市里的路途中，客户主动表示自己喜欢驾驶装饰豪华的越野型汽车，林霞告诉客户："我们公司正好刚刚上市一款新型豪华型越野汽车，这是目前市场上最有个性和最能体现品位的汽车……"一场有着良好开端的销售沟通就这样形成了。

在这里，林霞对症下药，从"射击"这一突破口进入，激起了对方的共鸣心理，从而轻易达到自己的日的。接触对方内心思想，通达对方心灵深处的妙方，就是和对方谈论他最感兴趣的事情。只要你懂得谈论对方最感兴趣的事情，那么你的成功也就八九不离十了！

谈论对方感兴趣的事或物，是在无形中给对方一个赞美和肯定，会使你获得好感，从而拉近彼此之间的距离。

古人说："话不投机半句多。"只要抓住了对方的兴趣，投其所好，不仅不会"半句多"，而且会千句万句也嫌少，越谈越投机，越谈越相好。所以说，与客户沟通的诀窍就是：迎合客户的兴趣说话。每个人都有各自不同的兴趣与爱好，一旦你能找到其兴趣所在，并以此为突破口，那你的话就不愁说不到他的心坎上，销售自然也是水到渠成的事了。

拿下客户，情感是打头阵的先锋

销售，从表面看来不过是商品和货币的交换过程，仅仅存在着商家和客户的买卖关系。其实，并非如此简单。很多时候，销售人员销售的不是商品而是情感。这就涉及了情感的心理价值，在心理学上叫作"情感效应"，即：在与人交往过程中，用情打动对方更加能够让对方折服或是让对方成为知己，某些时候情感比利益更加容易打动人。"情感"这种因素是不可见的、无形的价值，附着在一个产品或服务上，使产品或服务从客户的角度看起来和感觉起来更有价值。

凡是推销活动，都涉及人与人之间的交往，而人又是最有感情的。美国推销大王乔·坎多尔弗曾说过："推销工作98%是感情工作，2%是对产品的了解。"因此，销售员在向客户推销商品的整个过程中，都可以充分利用"情感"这个有利因素。运用得好，可以拉近彼此的心理距离，顺利地推销商品。

日本有一位著名的棒球运动员，不管是在运动场上，还是在保险公司推销员的眼里，他都是一个不折不扣的难以攻破的堡垒。他对保险、投保之类的事情，根本没有一点儿兴趣，很多推销员被拒之门外。而原一平却攻破了这个堡垒。那么，原一平是怎么做到的呢？

原一平并没有像其他推销员那样说些老生常谈的话，也没有不遗余力地大肆宣传自己的保险，而只是告诉这名棒球运动员，他也很喜欢棒球运动，之后，便洗耳恭听对方大谈棒球，他只是在一旁专注地倾听，并恰到好处地提出问题以引发对方简短的议论，这些都给这位职业球手留下了深刻的印象。

在某个适当的时候，原一平向这位职业球手提出了一个关键的问题：

"您觉得贵队的另一位投手××怎么样？"

"××？正是有了他，我才能敢放手投球的，因为他是我的坚强后盾和依靠，万一我的竞技状态不佳，就要让他压阵了。"这名棒球运动员很投入地讨论着他的队友。

"请原谅我打个比方，您想过没有，如果把您的家庭比作这样一个球队，您家里是不是也应该有一位像××这样成为家庭后盾和依靠的人呢？"

"是应该有，那我家里的后盾应该是谁呢？"

"就是您。"原一平话锋一转，直接指出了他的关键位置，"您想想，您的太太和两个孩子之所以可以'放手投球'，也就是说能够无忧无虑地幸福生活，就是因为有了您。您就是他们的坚强后盾和幸福的保证，所以您就好比是他们的××。"

"您的意思是……"

"请原谅我的直率，我是说人有旦夕祸福，万一您有个不测，我们就可以帮助您，这就像您帮您的太太和孩子一样。这样，您就可以放心地驰骋球场，没必要有任何后顾之忧了。所以，从这种意义上说，我们也是您的××。"

听到这里，那位棒球运动员突然一振，想起了原一平的身份。但是，他不是生气而是被原一平的话深深感动了。他想到自己的妻子和两个可爱的孩子，想到刚才原一平的话，露出了会心的一笑，他感觉到自己应该有必要买一份保险，让自己的家庭成员生活得更加安全和安心。于是，当场他就购买了保险。

在这个事例中，原一平通过形象的比喻，让对方深刻地领会到了他的人身保险与他家庭幸福的关系，正是亲情的力量，让这位棒球运动员最终选择了购买保险。

从某种角度上说，销售其实是一项情感性工作。因为销售的重点就是赋予产品生命力，让产品与客户建立情感联系，进而使客户爱上这个产品。所以说，情感就是销售过程中的催化剂。

俗话说："感人心者，莫先乎情。"这种"情"就是指人的真情实感，只有用你自己的真情才能换来对方的情感共鸣。一般来说，销售员在推销过程中，站在客户的立场上着想，客户没想到的也帮他想到，就会使客户产生意想不到、惊叹不已的感觉。这事实上是赢得了客户的心，心与心的交流和沟通会使销售员胜券在握。

不成功的推销各有各的原因，而成功的推销只有一个原因：它找到了进入客户情感需求的捷径与切入点，有效地调动了客户的情感需求。它着眼于情感、着眼于"发现和满足客户的需求"，从心理需求、情感欲望上，促使客户为自己找到了最好的购买理由。所以，成功推销的作用在于成功与客户情感对话，"对"的情感切入点与燃点，将会大大缩短推销面谈所花费的时间、精力，降低面谈难度，提高成交率。

激发好奇心，吸引客户的注意力

在销售过程中，如果你不能在最短的时间里，用最有效的方法来吸引客户的注意力，那么你对客户说什么都是无效的。所以，与其滔滔不绝地介绍你的产品，表明你的产品具有怎样的价格优势，还不如想想要怎样才能吸引客户的注意力。唯有当客户将所有注意力放在你身上的时候，你才能够真正有效地开始你的销售工作。

心理学家认为，人的本性是不满足，好奇心就是人们希望自己能知道或了解更多事物的不满足心态。在销售实践中，销售人员可以通过激发客户的好奇心来吸引客户的注意力。这样做的一般步骤是：首先唤起客户的好奇心，引起客户的注意和兴趣，其次再寻找机会道明你的真实意图，并迅速转入面谈阶段。

一个推销节水喷头的推销员，来到某公司的办公场所。进门后，他微笑着，没有做任何自我介绍，而是直接从包里拿出一样东西，递给一个正吃惊地看着他进来的人，说："请您看一下这个东西。"

对方还不知怎么回事，手里就接到他递过来的东西。"这是什么？"他边询问边翻来覆去地观察那个喷头。与此同时，推销员又拿出了几个喷头，分给在场的其他人，很快便引起了在场人员的一阵议论，他于是抓住时机展开宣传。这样大家的注意力都集中到了他推销的节水喷头上。

上述这个推销员正是成功地利用了人们易对陌生人及物品产生好奇的心理，直接将人们的注意力吸引到他的推销上，并抓住人们观察节水喷头的时间去说服人们，当人们了解到他的真正身份和意图之后，可能已经准备购买了。

好奇心，人皆有之，这是人的一种本性。销售员如能利用好奇心，使客户对推销的产品留下深刻的印象，那么就能在很大程度上促进交易的达成。

众所周知，好奇心的产生是因为外界的现象对大脑产生了一种刺激，使大脑的某些区域处于一种亢奋的状态中，进而引起人对外界事物产生了关注的心态。在现代营销学中，一些营销专家通常会把这种心理运用到营销策略中去，并明确地指出了能够引起客户好奇心的重要性，即谁能够引起客户的好奇心，谁就有了成功推销的基础。

只要你可以吸引客户的注意力，引起客户的兴趣，那么客户便乐于与我们继续交谈下去。

每个人都有好奇的天性，一旦有了某个疑问，就必须得探明究竟不可。在销售活动中，利用人们的好奇心理，采取以"奇"标新的独特方式，引发人们的好奇感，是赢得顾客的一种招数，也是拉近与客户心理距离的有效策略。

出奇才能制胜。巧妙利用顾客的好奇心理，吸引其眼球，往往能激发他们的购买欲望，带来销售的狂潮。

当然，要想运用客户的好奇心拉近彼此之间的心理距离，并促成销售，前提条件一定是产品质量过硬。否则，即便有奇特、新颖的招数，也难以让劣质产品受到大家的欢迎。

总而言之，成功吸引客户的关键在于激发他们的好奇心。如果销售员能合理地利用客户的好奇心，那么你的推销之路将会走得更顺畅、更成功。

虚心请教，迅速赢得对方好感

真诚地请教对方，往往是一把成功打开交际大门的钥匙。因为在某种程度上，请教就意味着赞美和承认。

通常人们都会向比自己高明的人请教，换句话说，当你向别人请教问题的时候，就相当于在心理上认同被请教对象是一个地位较高的人物，或者是一个专业人士。这一点在销售工作中同样适用。

安塞尔是铅管和暖气材料的销售商，多年以来一直想跟布鲁克林的某一位铅管商做生意。那位铅管商业务极大，信誉出奇地好。但是安塞尔从一开始就吃足了苦头。那位铅管商是一位喜欢使别人窘迫的人，以粗鲁、无情、刻薄而著称。他坐在办公桌的后面，嘴里衔着雪茄，每次安塞尔打开他办公室的门时，他就咆哮着说："今天什么也不要！不要浪费我的时间！走吧！"然而有一天，安塞尔先生换了另一种方式，他用这个方式与铅管商建立起了生意上的关系，交上了一个朋友，并得到可观的订单。事情是这样的：安塞尔的公司正在商谈，准备在长岛皇后新社区买两家公司。那位铅管商对那个地方很熟悉，在那做了很多生意，因此那一次，当安塞尔去拜访他时，就说："先生，我今天不是来销售什么东西的。我是来向你请教一个问题的，不晓得你能不能挤出一点时间和我谈一谈？""我们的公司想在皇后新社区开一家公司，"安塞尔先生说，"你对那个地方了解的程度和住在那里的人一样，因此我来请教你对这点的看法。"这位铅管商立刻对他客气起来："请坐请坐。"他拉了一把椅子，接着一谈就是两个多小时。他详细地解说了皇后新社区铅管市的特性和优点，他不但同意那个分公司的地点，而且，还告诉安塞尔一个批发铅管公司应如何去展开业务，怎样才能做得更好。另外，他还把家务的困难和夫妇不和的情形也向安塞尔先生诉苦一番。

"那天晚上当我离开的时候，"安塞尔先生说，"我不但口袋里装了一大笔的订单，而且也建起了坚固业务友谊的基础。这位过去常常吼骂我的家伙，现在常和我一块儿打高尔夫球。这个改变，都是因为我向他请教了一个问题，而使他觉得有一种我是'重要人物'的感觉。"

每个人都渴望别人的重视与赞美，只是很多人把这种需要隐藏在内心深处罢了。因此，只要你真诚地向对方请教，几乎没人会拒绝你。这样的方式在推销上最为有效。

很多客户都有好为人师的习惯，所以这时你的虚心好学就成为他激发自己表现欲的最好机会。你如果表现得很有悟性，让他教得轻松，而你又学得很快，他就会很快视你为知己、同道中人，会进一步加深对你的信任。

在销售中，虚心求教客户是一个屡试不爽的方法。以谦逊的姿态向客户请教问题，满足客户的教导欲，这样沟通起来将会事半功倍，从而有利于销售的顺利实现。

周华是一名汽车销售员。近日来，他曾多次拜访一家大型商贸公司的陈总，在向陈总介绍了公司的汽车性能及售后服务等优势以后，陈总虽表示认同，但一直没有明确地表态，周华也拿不准客户到底想要什么样的车。久攻不下，周华决定改变策略。

周华："陈总，我已经拜访您好多次了，可以说您已经非常了解本公司汽车的性能，也满意本公司的售后服务，而且汽车的价格也非常合理，我知道陈总是销售界的前辈，我在您面前销售东西实在压力很大。我今天来，不是向您销售汽车的，而是请陈总本着爱护晚辈的胸怀指点一下，我哪些地方做得不好，让我能在日后的工作中加以改善。"

陈总："你做得很不错，人也很勤快，对汽车的性能了解得也非常清楚，看你这么诚恳，我就给你透个底儿：这一次，我们要替公司的10位经理换车，当然所换的车一定比他们现在的车子要更高级一些，以激励他们的士气，但价钱不能比现在的贵，否则短期内我宁可不换。"

周华："陈总，您不愧是一位好老板，购车也以激励士气为出发点，今天真是又学到了新的东西。陈总，我给您推荐的车是由德国装配直接进口的，成本偏高，因此，价格不得不反映成本，但是我们公司月底将进口成本较低的同级车，如果陈总一次购买10部，我一定能说服公司尽可能地达到您的预算目标。"

陈总："喔！贵公司如果有这种车，倒替我解决了换车的难题了！"

月底，陈总与周华签署了购车合同。

在这个案例中，销售员周华运用了请教的策略，先赢得了客户的好感，接着又成功地掌握了客户的真正需求，销售自然水到渠成。

通常来说，人们不会拒绝一个虚心请教的人，而销售人员如果以客户比较擅长的问题进行请教，客户更会乐于解答，因为这给了客户一个很好地展示自己专长的机会。这种方法很容易拉近客户与销售人员的距离，有助于销售工作的顺利进行。

很多时候，请教就相当于赞美，这会让客户产生一种满足感，并且往往还会据此来重新审视你向他们推销的产品，这时候他们购买的概率也就大大提高了。

"三人行必有我师。"其实，任何人都会有一些值得我们学习的地方，我们只需要通过仔细的研究，认真地把它挖掘出来，并真心地加以请教，就会受益无穷。

第七章　没有卖不掉的产品，只是你的销售功夫不到家

一次示范胜过一千句话

　　成功的产品展示和解说是有效说服客户的方式。常言道："百闻不如一见。"销售人员的语言无论多么生动，其效果也绝比不上让顾客亲眼看一看产品的特征和效能。实证比巧言更具有说服力。要让客户信任并接受，就要很好地把产品呈现给客户。

　　销售员在向陌生的客户介绍产品时，必须进行有效的产品展示——示范演示。通过对产品功能、性质、特点等的展示及使用效果的示范表演等，使客户看到购买产品后所能获得的好处和利益。产品为客户带来的好处及利益是促使客户购买的真正动机。客户希望在销售员口头介绍产品的信息后，能亲眼看到，甚至亲身体验到产品的优势与作用，以加深认识和记忆，这就是"百闻不如一见"的道理。

　　周伟是推销工业洗涤灵的销售员。他的客户跨越很多行业，有医院、高等学校、宾馆、饭店、娱乐中心和其他一些大型企业。有一次，周伟在向一个大医院销售产品时遇到了困难。因为这家医院用的产品是一家知名企业的产品，而且医院对这个产品也很满意，双方客户关系很好，人际关系也不错。

刚开始的时候，无论周伟怎样介绍，医院都以对目前使用的产品很满意为由拒绝了。鉴于这种情况，周伟设计了一个演示方案。在下一次拜访该医院的时候，他随身带了两块锡箔，他将这两块锡箔放在院长的办公桌上，然后在上面分别放了少许自己所销售的产品和该医院正在使用的产品，并滴上了几滴水。

过了一会儿，竞争厂家的产品开始冒泡，并很快将锡箔烧穿了一个洞，而滴上周伟所推销的洗涤灵的那块锡箔却完好无损。这说明，该医院现在正在使用的洗涤产品会严重地烧损医院的服装和洗涤设备。于是，周伟拿到了他想要的订单。

这就是演示的作用，也是销售员要高度重视演示的原因。有说服力的演示，在一定程度上可以极大地促进产品的销售，能将自己所销售的产品与其他公司的产品明显地区别开。

在销售中，成功的产品展示往往能够一下子抓住客户的视线，激发客户了解、参与的欲望，迅速达成交易。所以，要打动客户就得让他们在演示中充分感受到产品的吸引力，并对某个性能有着强烈的赞赏。具体来说，销售员要做到以下几点。

1. 产品展示要有针对性

如果你所销售的商品具有特殊的性质，那么你的展示动作就应该一下子把这种特殊性表达出来。比如，你在推销一种防爆玻璃，你就应该随身带一块玻璃样品和铁锤，当着客户的面，用铁锤敲击玻璃，客户一定会在惊讶中升起购买的欲望。当你继续与他交谈的时候，你就会发现你们之间的谈话是那么易于进行，交易也就很快达成了。

2. 重点展示客户的兴趣集中点

在发现了面前客户的兴趣集中点后可以重点展示给他们看，以证明你的产品可以解决他们的问题，适合他们的需求。当然如果你的客户比较随和，并且当时的气氛极好，时间充裕，你可以从容不迫地将产品的各个方面展示给客户。但是，大部分客户都不会喜欢你占用他们过多的时间，所以有选择、有重点地展示产品还是很有必要的。

3. 用新奇的动作提高客户兴趣

在产品展示过程中，销售人员的新奇动作也会有助于提高客户的兴趣。对于商品的特殊性质，新奇的动作往往会将它们表现得淋漓尽致。比如，一般推销干洗剂的销售人员会携带一块脏布，当着客户的面将干洗剂喷涂在上，然而假如你一改常态，先将穿在自己身上的衣服袖子弄脏一小块，然后再洗干净它，这样的展示效果一定要好于前者。

4. 展示动作要熟练

在产品展示过程中，销售人员一定要做到动作熟练、自然，给客户留下利落、能干的印象，同时也会对自己驾驭产品产生信心。谨记，你的态度将直接影响客户的选择。

5. 让客户参与展示过程

在产品展示过程中，如果你能邀请客户加入，则效果更佳，这样给客户留下印象更深。例如，你可以请客户帮你一点小忙，或借用他方便而不贵重的用具等。总之，想办法让客户参与进来，而不是在一边冷眼旁观。如果你销售的产品使用起来很方便或是人们经常使用的，那么你放心地让客户去试用，效果一定不错。

6. 从容应对意外情况

在整个产品展示过程中，销售人员要心境平和，从容不迫。尤其遇到展示出现意外时，不要急躁，更不要拼命去解释，这样容易给客户造成强词夺理的印象，前面的一切努力也就付之东流了。一旦出现问题，你不妨表现得幽默一点，让客户了解这只是个意外罢了，那么谨慎地再来一次展示是必不可少的。例如，当你推销钢化玻璃，你的展示动作是举起铁锤砸玻璃，理想状态是玻璃安然无恙。而当你向客户介绍了这种玻璃的各项指数，并开始展示，客户已想象到了结果是玻璃并不会碎，谁知恰恰相反，玻璃碎了。这时，你怎么办呢？你一定不要面露惊慌之色，你可以平静地告诉客户："像这样的玻璃我们是绝对不会卖给您的。"随后再展示几次。这样就化险为夷了，也许还会增加客户的印象。

让数据成为你最有说服力的推手

在销售过程中，销售员经常遇到这样的问题：为什么我已经把产品的基本信息传递给了客户，客户却迟迟不给我消息？我的信息没有丝毫的虚伪和夸张，客户为什么对我的产品不感兴趣？面对这样的疑虑，别说销售员很困惑，就是让客户自己回答，恐怕都很难说出个一二。此时，你不妨用一组数据说明产品，来打消客户的疑虑，增加客户的依赖。

食品销售员沈剑，带着销售新产品的目的拜访老客户李东先生。当他开始销售谈话时，突然意识到，随着竞争对手的增加，再像以前那样靠交情拉拢生意，恐怕很难奏效了，于是就采取了另一种方式。他说："嗨，李东先生，我又来了！如果有一笔生意，能为你带来两万元的纯收入，你会感兴趣吗？"

李东的眼睛一下子就亮了："两万元？我当然感兴趣了，你说吧！"

沈剑说："今年秋天，香料、食品罐头和香肠的价格最起码上涨20%，我已经做了严谨准确的市场调查，按照你去年的销售数量，今年你能出售多少这方面的产品，我告诉你吧……"

然后，他就把一系列的数据写了下来，非常准确。这是他的老习惯，对客户的生意十分了解，精确到了每一组数字。他在纸上用这些数字做了计算和预测，得出的结果让李东先生非常信服。

于是，他马上就得到了食品店老板李东一笔很大数量的订货，而且预付了超过往年的定金。

在向客户介绍产品、提供服务时，适当结合一些实际的数字来进行说明，会让你说的话更具权威性、更有专业说服力。并且，客户相信这些数字会给他带来真正的帮助，那么他就会主动加深与你的联系，进而相信你帮他做出的选择。这就是数据的力量！

用数字来支持你的观点，你将更有说服力。虽然数字是枯燥无味的，但有经验的销售员却知道，数字自有一种非凡的力量，如果能巧妙地加以利用，就能发挥出意想不到的作用。

很多时候，客户对销售员本能地存在一种怀疑心理。这时候如果销售员能够拿出一系列统计数字，用数字来说话，相对来说就更容易说服客户。

目前，越来越多的商家已经注意到用数据说话的重要性，所以在广告宣传中，很多商家都运用数据来说话。比如：

"科学证明，我们的电池能待机15天。"

"我们的洗衣粉能去除99％的污渍。"

"我们已经对全国超过1000名的使用者进行了连续1个月的跟踪调查，没有出现任何的质量问题。"

因为在客户看来，口说无凭的介绍是起不到任何作用的，也不能够刺激他们的购买欲望。现在人们对产品的要求越来越高，当然也不仅仅局限在销售员的空口无凭，但是当销售员用数据来展现给客户的时候，就很有说服力了。

虽然用数据来说服客户和很多销售技巧一样，具有很好的作用，可以增强产品的可信度，但是如果使用不当，同样会造成极为不利的后果。如果单纯地罗列数据，不仅达不到预期的效果，而且还会令客户感到眼花缭乱，会使客户感觉到你的介绍非常单调，有时还会让客户产生你在故意卖弄的想法。这就如同人们说话时运用修饰语一样，恰如其分的修饰语可以使你的表达更加形象生动，也可以向人们表明你的文采和才华。但是，如果张口闭口都是华丽的辞藻，那你就会给人们留下华而不实、故意卖弄学问的不良印象。

要想让你的数据说明具有更强劲的说服力，销售人员首先要挑选合适的时机。比如，当客户对产品的质量提出质疑时，你可以用精确的数据来证明产品的优秀质量。同时，销售人员还要注意适度运用数据，要懂得适可而止，不要随意滥用。

销售人员还要注意的是，有很多相关数据是随着时间和环境的改变而不断发生变化的。比如，产品的使用年限和具体的销售数据等。所以，销售员必须及时把握数据的更新和变化，力求提供给客户最准确、最可靠的信息。

另外，数字本身是一种符号，容易让人产生麻木或厌烦的感觉，所以在使用前，需要注意以下几个方面：

（1）所使用的引述的准确性；

（2）它是否来自专家的专门知识领域？

（3）引述的对象是否为听众所熟知或尊敬？

（4）引述的资料是否肯定是第一手资料？

总之，用数字说话，既显得专业，又能给人以信任感。在销售中使用数字，可以将讲话内容变得更加丰富具体，使用翔实的数字、数据可以让你所说的话显得更加真实，更加有说服力。

对症下药，有针对性地说服客户

在《谏论》中有一个很有趣的故事：

有这么三个人，一个勇敢，一个半勇敢半胆小，一个人完全胆小。有一次，苏洵将这三个人带到渊谷边，对他们说："能跳过这条渊谷的才称得上勇敢，不然就是胆小。"

那个勇敢的人以胆小为耻辱，必然能跳过去，那个一半勇敢一半胆小和完全胆小的人不可能跳过去。

　　他又对这剩下的两个人说："能跳过这条渊谷的，就奖给他一千两黄金，跳不过则不给。"

　　这时，那个一半勇敢一半胆小的人必然能跳过去，而那个完全胆小的人却还是不能跳过去。

　　突然，来了一只猛虎，凶猛地扑过来，这时，你不用问，那个完全胆小的人一定会很快跳过渊谷就像跨过平地一样。

　　从这个故事可以看出，要求三个人去做同一件事，却需要用三种不同方法来说服他们。如果只用同一种条件，显然是不能使三个人都动心的。说服客户也是如此，对不同的客户要采取不同的态度和方法。

　　每个人的个性、爱好，知识结构等都各不相同，说服不同的人，就要采取不同的谈话方式。同样的道理，销售员在说服客户的过程中，要根据客户的不同身份特点，采用不同的说话方式，这样说出来的话才容易让客户接受，达到说服客户的目的。

　　"对症下药"的销售技巧要考虑以下几个方面：

　　根据年龄的大小：对年轻人，多用些激励的语言；对中年人，应陈述利害，以供他们斟酌；对老年人，应以商量的口吻，表示出对他们的尊重。

　　考虑不同的性格：如果对方是一个性格豪爽的人，你大可单刀直入；如果对方性格谨慎，便要慢慢解释；如果对方生性多疑，便忌处处表白，而应不动声色，让他自己把疑惑消除掉。

对不同的文化程度：一般情况下，被说服者如果文化程度较低，说话就要简单明确，多使用一些具体数字和例子，而对文化程度高的人，就可多讲一些抽象的说理。

根据兴趣爱好：每个人都有自己的兴趣爱好，而很多人的兴趣往往都是不同的。根据别人不同的兴趣，从谈他人感兴趣的话题开始。凡是有兴趣爱好的人，当谈起有关他的爱好，对方便会提起兴趣，亦会产生好感，可以为下一步的游说打好基础。

销售员在说服客户时，同一内容，要用不同的语言来表达，才会被不同的客户接受。不同的客户各方面都存在着差异，就决定你要根据客户的不同情况采用不同的语言来表达。这就是所谓说话要看对象。俗话说："见什么菩萨卜什么卦，看什么人说什么话。"就是说的这个道理。可以说，说话必须看对象、看场合、对症下药，否则，你再能言善辩，客户不买你的产品也是白搭。

巧用激将法，让客户主动成交

俗话说"请将不如激将"，在销售过程中，销售员往往容易遇到一些客户虽然有产品需要，但是犹豫不决、拿不定主意，处于观望状态。面对这些客户，销售员可以利用他们的好胜心、自尊心，采用激将法促使他们作出购买决定，迅速签单。

　　某销售员在向客户销售产品时，客户对产品挑不出不满意的地方，在经济上也比较富裕，但在作出决定是否签单时很犹豫。

　　为了促使这位客户迅速签单购买产品，销售员巧妙地使用了激将法。

　　销售员对客户说："先生，您的顾虑我很理解。在世界上，很多事情都是这样的。一个人对他越是感兴趣、越是喜欢的东西，就越是不敢勇敢地追求它，越是不敢积极地去争取拥有它。这是一种很可悲的心态。您说是不是？每一个人活在世上，都有他自己的信仰和人生目标。怎样才能实现自己的人生目标呢？只有凭借自己的坚定信念，不懈的努力，顽强的意志才能最终实现这些。正因为它是人生中最伟大的事业，才会有如此多的有识之士为实现这一目标花费毕生的精力，甚至洒干身上的每一滴血。我们要问，他们的动力源自何处？他们的动力主是来自他们的信仰，他们心目中的崇高的人生目标，它可以激励着人们永不停息地追求。"

　　客户听了这些，觉得有一定的道理，就轻轻点了点头。

　　于是，销售员就接着说："是啊，自己认为有价值、有意义的东西，怎能不去努力追求呢？但就是有这样一种人，我认为他们的生活实在是没多大意义，至少可以说他们是没有勇气的。这种人遇到自己喜欢的东西却不去努力争取，遇到机会来临却没有勇气去抓住，所以他们的一生都碌碌无为、平平庸庸，理想依旧是梦中的理想。我经常想，这些人为什么不果断一点呢？为什么不积极去争取和把握机会呢？我想，先生，您一定不是这种人吧？"

客户听到这里，不自觉地说："当然。我当然不是这一种人。"

销售员说："您当然不是这一种人。正因为如此，我才如此欣赏您。现在，如果您觉得这种产品还行的话，如果您对我们的产品和服务没有什么异议的话，就行动起来吧。在这里签下您的名字就行。"

说着，销售员就把订单递到了客户面前。

在上例中，客户被销售员一阵激将，再也不像之前那样犹豫了。因为客户不承认自己是那种不果断、遇到机会犹豫不决的人，而不果断签字就是在事实上承认自己是那一种人。这对于一个有尊严的男子汉来说，是无法接受的。客户想，自己确实对产品和服务没有什么异议，自己确实需要购买这种产品，便迅速与销售员签下了订单。可以说，激将法是通过触发有些顾客的自尊心和好胜心，促使顾客在犹豫不决时作出果断的购买决定，是一种极佳的成交技巧。

在购买产品的过程中，客户往往容易产生较强的好胜心理。激将法就是针对他们的这种好胜心理对症下药，使得他们因好胜而不再过于理智。这样，客户为了满足自己的好胜心理，为了顾及自己的面子，往往不再计较此前特别看重的一些成交细节。

在销售过程中，激将法是销售员促成订单的常用技巧之一，也是巧妙地"逼迫"客户成交的技巧之一。要想成功地运用此法，促使客户尽快签单，销售员需要仔细揣摩，并在运用中熟练掌握其技巧和奥秘。

1. 准确掌握客户的心理

在销售过程中，销售员要采用激将法，首先要把准客户的心理。只有客户具有较强的自尊心、虚荣心和好胜心，才可能有效地激将客户。否则，将很难起到激将的效果，甚至还有可能把一桩很有希望的生意逼进死胡同。一般而言，年纪轻的要比年纪大的容易激将，见识少的要比见识多的容易激将，越是讲究衣着打扮的、好争高比强的、地位较高、受人尊重的人越怕被别人看不起，这样的人也容易被激将。在促成订单时，销售员可以根据具体的客户对象，采用具体的激将法。

2. 不要伤害客户的自尊

在销售过程中，客户拥有成交的最后决定权。销售员为了促成订单，可以采用激将法"逼迫"客户签单，但是必须以不伤害客户的自尊为前提。如果销售员伤害了客户的自尊，往往就容易导致客户不再愿意与销售员交易，甚至还会因自尊问题惹出其他问题。因此，正确使用激将法应该是在不刺激对方自尊的基础上，切中对方的要害进行激将。例如，销售员销售产品给客户时，用"您不想买"而不用"您是因为没钱，买不起"来激将客户，就把握得非常有分寸。

3. 注意态度自然

激将法是人们比较了解、接触得比较多的常用计谋。因此，在使用激将法时也容易被对方看穿。在销售过程中，要用激将法促成订单时，销售员一定要注意态度和表情自然。否则，就容易让客户看出来是在"激"他，从而产生逆反心理，最终导致交易失败。

行之有效的 AIDMA 销售法则

所谓AIDMA法则是销售活动的法则之一。它体现了客户的潜意识消费欲望被引导出来，以致决定购买的心理过程。

A：Attention（引起注意）——花哨的名片、提包上绣着广告等是被经常采用的引起注意的方法。例如销售人寿保险成功的销售员，在名片上印着"76600"的数字，表示着平均每人一生的吃饭顿数，从而引起对方对自己的注意。

I：Interest（引起兴趣）——通常使用的方法是精制的彩色目录、有关商品的新闻简报加以剪贴。有些销售员还自己制作编排新颖别致的目录，加上自己拍摄的广告照片，一方面增加亲切感，另一方面也增强说服力，可谓一法两得。

D：Desire（唤起欲望）——销售茶叶的，总是要随时准备着茶具，给客户冲上一杯香气扑鼻的浓茶，客户一品尝到茶香，便会立刻引起欲望，从而掏腰包购买。销售汽车的要举行试车会；销售房产的，要领客户参观房子。总之，"百闻不如一见"，如果让客户亲身感受到商品的魅力，就能唤起其欲望。

M：Memory（留下记忆）——客户在产生欲望后，如果是廉价商品，很可能会冲动购买，但如果是贵重商品，客户就会用理智仔细去考虑。所以要努力增加客户对你和商品的印象。比如，登门访问前寄一张明信片，或拜访时带一些礼物等，都是增加对方印象的好办法。

一位成功销售员谈他的经验时说："每次我在宣传自己公司的产品时，总是拿着其他公司同类产品的目录，一一加以详细说明比较。因为如果只说自己的产品有多好多好，客户就会以为你在吹牛，反而想多多了解其他公司的产品，而如果你先提出其他公司的产品，客户反而会认定你自己的产品。"

A：Action（购买行动）——从引起注意到付诸购买的整个销售过程，销售员必须始终信心十足。如果销售员对自己的商品缺乏自信，客户当然会对你的商品产生疑虑，从而选购其他厂牌的商品。尤其是在最后签约成交阶段，自信万不可稍有动摇，否则会使客户泄气，从而难以将生意最后实现。

当然过犹不及，过分自信也会引起客户的强烈反感，以为你在说大话、吹牛皮，从而不完全相信你的话。

总之，AIDMA法则是销售活动中必须遵守的法则，不容销售员疏忽。

强调产品的独特卖点

从销售的角度来说，没有卖不出去的产品，只有卖不出去产品的人。因为聪明的销售员总可以找到一个与众不同的卖点将产品卖出去。

所谓产品卖点是指产品销售的独特主张，即产品具备的别出心裁或与众不同的特色、特点，也就是顾客购买该产品能够得到的具体利益点。独特卖点可以与产品本身有关，有时候，也可以与产品无关。独特卖点与产品有关时，可以是产品的独特功效、质量、服务、价格、包装等；当与产品无关时，销售的就是一种感觉、一种信任。

提炼一个好的产品卖点，可以引起消费者的强烈共鸣，并激发他们对产品的关注和好感。销售员跟顾客推介产品的卖点时，一定要结合顾客的实际需求和喜好，用顾客喜闻乐见的语言表达出来，在销售过程中灵活运用，把"要顾客知道"转化成"顾客要知道"。

有一次，一位培训讲师接到一名电话营销人员推荐"中文秘书服务"的电话。这位电话营销人员非常聪明，因为他能在很短的时间内抓住培训讲师对产品最感兴趣的地方进行有针对性的介绍，最后，培训讲师自然申请了这项服务。具体对话如下。

电话营销人员："李老师，您好！我是中国移动广州分公司的营业代表，我看过您写的书，您的书写得真的太好了，对我的工作帮助真的很大。"

客户："谢谢你的鼓励。"

电话营销人员："李老师，移动公司最近推出了一项新的服务——中文秘书服务，我觉得非常适合像您这样经常在外做培训的专业讲师，您现在使用了吗？"

客户："我还是第一次听说。"

电话营销人员："是吗？那算咱们有缘，我建议您不妨体验一下。"

客户："你能详细说明一下吗？"

电话营销人员："当然可以，李老师，我知道您经常做培训，而在培训时，一般是不可以随便接听电话的，对吗？"

客户："是呀。"

电话营销人员："李老师，如果是这样，当遇到重要客户打电话给您时，您如何处理呢？"

客户："等课程结束后再回过去。"

电话营销人员："那也是，我有一些从事培训工作的客户，他们说有时手机显示的是IP电话号码，这样就没法回复了，而且有时回过去是总机电话，问了半天也不知道是谁打来的，您怎么解决这些问题呢？"

客户："那就只好再等对方打过来了。"

电话营销人员："如果这样，一定会影响到您与客户的正常联系，是吗？"

客户："你刚才说的'中文秘书服务'有办法解决这个问题吗？"

电话营销人员："移动公司推出的'中文秘书服务'就是针对以上我们谈到的实际问题而专门开发的一项增值服务。这项服务让您在不方便接听电话时，将电话转到移动公司的中文秘书台，就好像是您有一个秘书在为您服务一样。而转到中文秘书台后，客户可以留言，也可以留电话号码，然后移动公司会把留言和电话号码及时以短信的方式发送到您的手机上，让您随时随地都知道是谁打电话给您的，以及找您有什么事情等，这样，对您来讲就方便多了，是吧？"

客户："这项服务的收费情况如何？"

电话营销人员："每月只收取10元的服务费，比您请个秘书划算多了，对吧？"

客户："怎么办理呢？"

电话营销人员："李老师，办理这个业务其实很简单，只要您现在同意，我马上就可以帮您办理。您看可以吗？"

客户："好吧，你给我办理一个。"

看，一项买卖就这样成交了。在与客户的沟通中，销售员需要把自己的产品优势充分地展现出来，这样有利于打动客户。但销售员首先需要弄清楚，产品具备哪些卖点，也就是说要提炼出产品的卖点。

销售员提炼产品卖点可以从产品自身的特色出发，以产品的外观、参数、性能、功能等为提炼平台，综合各品牌的产品卖点，从中寻找自身独有的市场亮点。卖点提炼主次要分明，主要卖点最多不要超过三个。卖点要简明，且通俗易懂，销售员应该自己先吃透产品卖点，然后转化为顾客能够理解的口语化的文字。

产品要拥有与其他同类产品不同的卖点，才会吸引客户在选择过程中选你的而不是其他人的。一个没有卖点的平庸产品是无销售优势的，其销售难度可想而知，这一点对销售人员而言无疑是最可怕的。所以在销售的过程中一定要突出产品的卖点，否则客户会问："市场上产品这么多，我凭什么买你的，你的产品有什么好处？"

总之，只要善于发现，每一种产品都会有它独特的卖点。顾客通常只会对独特卖点感兴趣。发现顾客对某一个独特的卖点感兴趣时，销售员应及时强调，把顾客的思维始终控制在独特的卖点上，促使其最后作出购买的决策。

第八章 没有抓不住的商机，只是你没扮演好客户顾问的角色

表现出你的专业，当好销售顾问

作为一名销售人员，如何能赢得客户的信赖？最好就是让客户感受到你的专业。当你用你的专业知识征服客户，入侵他的潜意识时，就赢得了客户的信赖。

有一对夫妇乔迁之喜，来到某电器公司购买电冰箱。这对夫妇围着某品牌国产电冰箱转了好久，男的正准备掏钱付款的时候，女方突然改变了主意。

"我看，我们还是去买德国的西门子牌冰箱吧！"

"你怎么又变卦了，原来不是说好的吗？"

"我看这种国产冰箱质量不保险，不如德国的好。不过是多花千八百块钱就是了。"

这时候，站在一旁接待他们的销售人员，眼看到手的生意没了，后悔自己刚才那么耐心地给他们解说。心里一急一气，便脱口而出："得了，得了，你早说不买，就别问这问那。德国的好，你们又有钱，去德国买好了，干吗上这儿来？"

这对夫妇一听，转身就想走。这时候，销售主管微笑地走了过来：

"两位请留步。我有几句话要对两位说。真对不起，刚才我们的销售人员说话没有礼貌，冲撞了两位。这都怪我这个主管，平时管理不严，我向二位赔礼道歉。"

这对夫妇听他这么说，才平息了怒气。

"买不买我们的冰箱都没有关系，只是有一件事要向两位讨教一下。"主管谦虚地说。

听到"讨教"两字，这对夫妇真的认真起来了。

"刚才这位女士说，我们的冰箱质量有问题，是否可以具体说明一下，也便于我们改进工作。"

女士冷不防给主管这么一问，一时不知如何作答，迟疑了一会，才吞吞吐吐地说："我也是听人说，西门子牌的冰箱好。"她指着冰箱背后的散热管，继续说："这些弯弯曲曲的管子都露在外面，也不好看。"

主管听她这么说，心中明白了几分。"小姐，这完全是误会。当然，西门子牌电器历史长牌子老，有许多优点。但是，我们国产冰箱近些年来也有很大的进步，你们刚才看的这种冰箱，正在走向国际市场。"

这对夫妇将信将疑，主管接着说："我们的冰箱经过周密的计算，将散热管暴露在空气中，散热的速度可提高一倍，由于热量散得快，所以冰箱内部制冷的速度快，达到提高效率、节约电能的目的。实验结果表明，与同等容积的密封式冰箱相比，我们的冰箱耗电量仅是它们的三分之一。如果一天省半度电，请你算一下，一年省多少电费？"

主管换了口气继续说："至于说到美观，这是不必要的顾虑。因为散热管在冰箱背后，紧靠墙壁或在墙角之间，对于正面观看，毫无影响，请两位放心。"

这位女士此时无话可说。这时主管又趁热打铁："我看这样好了，你们若信得过我的话，下午我派车给你们送去。喏，这是单据，请到那边取发票和保修单。"

要想拿下订单，最好是让客户自己的潜意识去告诉他应该购买这样商品。当然这并非易事，需要你去影响他的潜意识，让他觉得产品对自己很有帮助，价格合理效能又高；让他觉得你很诚恳、很专业、很负责；让他觉得跟你购买产品可以得到超值的服务。当然，做到这几点必须要具备专业且丰富的产品知识。

所以，销售员必须通过不断的努力，使自己成为产品专家，要花充分的时间了解产品或服务，彻底了解产品的每项细节及市场竞争对手。这样，你对于所销售产品的所有特点与收益、优点与缺点、优势与劣势都会非常清楚，面对客户的提问，你的回答就会显得非常专业，从而更容易获得客户的信赖。

熟悉本公司产品的基本特征，使自己成为产品专家，是销售员的一项基本素质，也是成为一名优秀销售员的基本条件。销售员在进行推销之前，一定要充分了解产品的相关知识。

那么，一个优秀的销售员需要具备哪些产品知识？

1. 产品的基本特征

你应当掌握你所销售产品的详细技术性能，如材料、性能数据、规格、操作方式等。当然，了解产品并不意味着一味地夸奖自己的产品，短处也应当坦然正视。在推销中，不要怕承认自己产品或服务的缺点。拒绝接受顾客的反对意见，常会使推销工作毁于一旦，因为固执己见的销售员往往会使顾客也固执起来。对顾客来说，他们知道任何产品都有长处与短处，当长处与短处相比更为显著时，顾客就会决定购买。

2. 产品的生产过程

为了避免顾客想要了解产品的生产过程而我们不知道的尴尬，所以我们有必要了解一下。

3. 产品的使用方法

在操作和使用中介绍产品，比单纯的语言介绍要好得多，这样顾客更容易理解并且能及时看到效果。

4. 产品能给顾客带来的利益

客户为什么要买我们的产品？是因为他需要，所以这就需要销售人员给客户以引导和讲解，让客户看到产品能给他带来的利益。

总之，销售员是否具有良好的专业知识，会影响到客户对你的看法，更会影响到你的业绩。熟悉业务知识，并且像了解自己一样了解自己的产品，是销售人员的必修课。

讲好故事，让你的产品介绍与众不同

真正的销售高手，都是讲故事的好手。讲故事就是为客户设计一个产品的应用情景，让他们看到美好的使用效果。讲故事可以引发共鸣，可以激发兴趣，显得平易，更能深入人心。在销售中，用讲故事的方法来介绍自己的产品，能够收到很好的效果。

曾有一名做财产保险的优秀业务员，在公司里的业绩非常出色，他的业绩几乎占到所在部门全体业务员业绩的一半。别人问他做得如此成功的原因时，他只是回答"会讲故事就行了"。事实上他的确是这样做的，因为他养成了一个非常好的习惯，就是只要在报纸上、电视新闻里一听到、看到某户人家、某个公司因为什么天灾人祸导致固定财产遭受莫大损失的事，他就会立即用笔记录下来。遇到客户告诉他："我觉得买保险对我来说没什么必要，我已经拥有了足够的现金和不动产，这些财产对我来说就是今生最大的保险。"他马上会说："先生，我非常理解您现在的想法。我以前认识一个朋友，他也像您一样，拥有超过几千万元的资产。很不幸的是，去年他在一次空难中意外丧生。因为他生前没有买保险，所以在他死后，他的家属为他的财产所付出的各种费用、税金共计超过了500万元。您不妨比较一下，是每个月支付1000多元的保险费划得来，还是损失500万元划得来呢？"

这个业务员利用这个故事去说明，买保险的好处和重要性。

在销售中，用讲故事的方式来介绍产品，会起到很好的效果。适宜的好故事，胜过推销员一千遍、一万遍说教的力量。有时候，故事产生的感染力是无穷的，它就像巫师手中的魔法石，能产生让客户无法抗拒的魔力，甚至为推销员省去千篇一律的烦冗的毫无吸引力的推销词。

其实，任何商品都有很多有趣的话题，比如它的发明、生产过程，能够带给客户的好处等。而作为销售人员来讲，就可以从中挑选出一些生动、有趣的部分，组合成一个个动人的故事，并作为一种有效的方法运用到销售工作中去。用这种方法，你就能迎合客户、吸引客户，使其产生信心和兴趣，进而毫无困难地达到销售的目的。

为客户讲一个故事并不困难，实际上，这是销售员的日常工作。你需要在平时就注意收集资讯，加大阅读量，并将得到的信息分门别类，存储在大脑中。当你需要时，就把它们调动出来，加以润色，在合适的时机，结合不同的产品，用合适的方式讲给你的客户听。

那么，我们在平时的业余学习中应该注意积累哪些方面的素材呢？即我们给客户讲述的故事可以包括哪些内容呢？总结如下：

1. 惊叹式故事

用任何可能激发客户兴趣的方式，先吊起他们的胃口，引起顾客的惊叹，然后再向他们进一步解释。销售的开头，是你吸引听众的最佳时机。

2. 幽默或笑话

以幽默或笑话形式开场有时可以缓解客户敌对的气氛。但在使用时必须慎重，你要在你认为适合时使用，而且你能够讲得绘声绘色、惟妙惟肖，刚好起到锦上添花的作用。

3. 与个人经历相关的故事

用自己与产品相关的故事开场也不失为一个特点鲜明的选择。通过这种亲身经历可以迅速拉近你与客户的距离，博得客户的同情与好感，同时也使你的推销得到认可。

总之，如果你能讲出一个好故事，让故事与产品结合起来，就会给客户留下很深刻的印象，让销售变得很简单。这是销售的秘诀！当你学会讲故事，你离销售高手就不远了。

利用"第三方证明"，让客户主动埋单

在实际销售过程中，销售员只有赢得客户的信任后，才有可能促使客户购买。然而，对于这种信任，销售员可以借助第三方的证明来让客户获得。当销售员使用"第三方证明"策略时，准客户通常会无意识地（有时是有意识地）将自己同第三方进行比较，并且会认为第三方的成功可以在自己的身上被复制。此时，准客户会自我说服，而你无须使用任何其他促成交易的方法。

一位杂志社的销售员来到一家汽车4S店推销他们新出的汽车杂志。销售主管凌云峰顺手接过对方递来的杂志翻看起来。杂志的版式设计得挺新颖，向国际上的汽车杂志靠拢，图片也很多。但是，对一个汽车销售员来说，看重的当然不是外观，而是内容。杂志除了介绍各款车型，还有一些维修、保养汽车的知识介绍，这挺好。可是，这些知识，公司都有专门培训。在最后几页，还附有各种车在市场上的销售情况。但公司也有专门人员在做调查。是否可以对比一下调查结果呢？凌云峰对杂志是完全有好感的，他本来就爱看书。但现在他必须站在公司的角度，站在所有员工的角度，找一个充分的理由订下杂志。

在他思量犹豫之际，杂志的销售员见他已把杂志翻完，就开口道："先生，您觉得怎么样？市车迷协会的会长林先生夸我们的杂志内容丰富、有价值、有趣味呢。您看，这是他们协会今年订10本的订单。贵单位是否也订一本看一看？"凌云峰一听，这是个好理由。林先生在汽车界是很响当当的人物，对各种车的评价分量很重，那么对汽车杂志的评价也应该很有影响力了。于是凌云峰当即决定订下。

杂志的销售员走后，他不停地思索起来："是啊，人们都易受别人影响，特别是大人物的影响，这就是广告中常采用的名人效应。在自己的工作中，何不也将这种效应灵活地加以应用呢？对于汽车来说，购买和大人物一样的车，身价不马上上去了吗？这应该是说服顾客的有力武器。"想做就做，凌云峰马上行动起来，把公司的销售记录找出来，搜寻一些有影响力的顾客，把这些人和其买的车型一一记下来，拉出了一个大人物名单。接下来的几天，凌云峰每天都把这份名单随身带着。

一天，一个多月前来过的一家私人贸易公司的何老板又来了。凌云峰一眼瞧见，高兴极了，原来何老板的车还没买，他清楚地记得，何老板中意的是一款尼桑车，但由于价格较高，何老板还要再考虑考虑、比较比较。今天，凌云峰的把握大多了，一是何老板是回头客，八成是舍不得自己看中的车；二呢，凌云峰今天身上带的那个大人物名单中，恰巧有一家著名进出口贸易公司的林弘总裁买的是尼桑车，与何老板看中的款型一样。凌云峰急忙迎了过去，以一种热情而不媚俗的语调说道："哟，何老板过来啦！今天您春风满面，肯定是最近做了一笔大生意！""做了一笔，还行，还行。"何老板的心情果然不错。"您先请坐，喝杯茶。"凌云峰并不急于先进入正题，以免显得过于急躁。

何老板反而有点急："我上回看中的那辆尼桑，哦，就停在那儿呢，没有付下订金吧？"何老板边环顾边说，连坐都不坐。"哦，那个车，顾客来了都要看上几眼，好车嘛，但一般人哪买得起，这不，它正等着您何老板呢。"凌云峰微笑着道。何老板走上前去，似乎想再试一下车。凌云峰忙取来钥匙，上前打开车门。试了车，看得出来，何老板对车是完全满意的，目光所到之处，恋恋不舍，但却迟迟不开口说要买。"也许还是价格问题。"凌云峰心里暗暗地想。

一会儿，何老板终于开口了："我确实中意这辆车，也比较了其他的车，还是觉得这辆车最适合我。虽然最近做了一笔不错的生意，但做生意最需要的就是资金。凌先生，您看价格上能否再优惠些，或者我是否有必要换一辆价位低一点的车？"凌云峰知道一决胜负的时候来临了，马上接口道："价格是高一点，但物有所值，它确实不同一般，何老板您可是做大生意的人，配得上！开上它，多做成两笔生意，不就成了嘛。"趁何老板心有所动，凌云峰马上像想起什么来的，轻拍脑袋，说道："哦，对了，何老板，贸易界的林弘总裁，您认识吗？半年前，他也在这儿买了跟您一模一样的车，真是英雄所见略同啊。""哦，林总，我们谁人不知啊。只是我这样的小辈还无缘和他打上交道。他买的真是这个车？"何老板的眼睛亮了一下。"是真的。瞧您何老板年轻有为，事业蒸蒸日上，还那么谦虚，真难得。林总挑的是黑色的，何老板您看要哪种颜色？""我就这个红色吧，看上去很靓，有活力。"这场交易就这样成了。

从这个事例可以看出，利用好销售中的第三方帮助销售员成交非常重要。特别是在顾客犹豫不决的时候，借用第三方的说服效应马上发挥作用了。

借用第三方的力量给自己作证明是一种非常有效地销售方法。第三方证明可以采取多种形式，但主要有以下三种。

1. 提一提曾经合作的知名公司

例如，"您好！王经理，我是××培训公司的销售顾问李平。最近我公司专门为我市的大中型企业的员工做拓展培训服务，我市××公司的赵经理采纳了我们的意见后，公司氛围大有转变……"一般来说，知名公司的影响力可以说是非常巨大的，他们的一举一动往往就能掀起轩然大波。如果知名公司曾经从你们公司购进过产品，使用效果也比较显著，甚至是你们的长期合作伙伴，那么销售员就完全可以利用知名公司的名望，为自己做免费宣传，同时体现自己所在企业的权威性。

2. 提一提客户所熟悉的人

如，"赵总，您的好友王猛要我来找您，他认为您可能会对我们的这套财务软件感兴趣……"众所周知，往往客户熟悉的人对于实现成交是极具说服力的。向客户提一下自己所熟悉的人，不仅可以拉近与客户之间的距离，而且还能让自己有个靠山，助销售以一臂之力。

3．拿出产品的权威论据或者数字证明

例如，企业的宣传册、一大堆的获奖证明、各种媒体资料、顾客的推荐信等。俗话说："眼见为实，耳听为虚。"有时候，销售员一味地强调产品的好处和特点，客户是不相信的。对于某些真实的客户资料，销售员如果不能拿出来，即使说得天花乱坠，但是客户看不到，相信他们还是不愿意相信的，认为你只是在吹嘘而已。这样就会给客户留下不实的印象，对产品乃至公司的影响是百害而无一利的。

总而言之，由于每位准客户内心都有很强的模仿倾向，因此你所要做的工作就是用第三方证明策略来启动这一想法，并将其朝顺利完成交易的方向进行引导。

换位思考，站在客户的角度考虑问题

营销界有一种著名的销售方法是互换立场法，这种方法要求销售人员把自己想象成客户，即从客户的立场出发考虑问题。

美国汽车大王曾经说过这样一句话："成功是没有秘诀的，如果非要说有的话，那就是时刻站在对方的立场上。"多为别人着想，多了解了别人的想法，这不仅仅有益于你和别人沟通，最重要的还是你可以借此知道别人的"要害点"，做到有的放矢。如果学会时时站在客户的角度上看问题，沟通的顺利程度将会超出你的想象。

站在客户的立场，处处为客户着想，首先就要假设自己是客户。假设自己就是客户，你想购买怎样的产品和服务？自己真正需要的是什么？会如何要求售后服务？这样就能让自己站在客户的立场去看待问题。

有一位推销员挨家挨户推销洗衣机，当他到一户人家里，恰好这户人家的太太正在用洗衣机洗衣服，就忙说："哎呀！你这台洗衣机太旧了，用旧洗衣机是很费时间的。太太，该换新的啦！"

结果，还没等这位推销员说完话，这位太太马上产生反感，驳斥道："你在说什么啊！这台洗衣机很耐用的，我都用了六年了，到现在还没有发生过一次故障，新的也不见得好到哪儿去，我才不换新的呢！"这位推销员只好无奈地走了。

又过了几天，又有一名推销员来拜访，简单的沟通后，他初步了解了太太的心理，便说："这是一台令人怀念的洗衣机，因为很耐用，所以对太太有很大的帮助呀。"

这位推销员先站在太太的立场上说出她心里想说的话，使得这位太太非常高兴，于是她说："是啊！这倒是真的！我家这部洗衣机确实已经用了很久，是有点旧了，我正在考虑要换一台新的洗衣机呢！"

于是，推销员马上拿出洗衣机的宣传小册子，提供给她做参考。

站在对方角度来推销产品确实是一条捷径。上例中，第二位推销员用了这种说服技巧让推销一举成功。要搞好销售工作，不仅要深入市场调查，了解客户需求，还要研究客户的心理，主动与客户进行感情交流，达到心灵沟通，让客户感到你不是在向他推销业务，而是在关心他、想着他，为他提供方便。这样客户才会认可你的产品和服务。

对销售人员来说，你的工作不仅是售卖商品，同时还要与客户建立友好关系。很多时候，这两者是可以统一在一起的，销售可以转换立场，站在客户的角度思考问题，不是卖东西而是帮助客户买东西。销售人员的工作要时时体现为客人着想的服务理念，这样不仅更有利于业绩的提升，同时还能够提升客户忠诚度，获得良好的声誉。

　　销售员罗塞尔打电话给他的客户，说："您好，杰克先生，现在我将要为您提供一项服务，是其他人无法替您设想的。""究竟是什么服务？"客户不解地问。"我可以为您供应一货车石油。""我不需要。""为什么？""因为我没有地方可以放啊！""杰克先生，如果我是您的兄弟，我会迫不及待地告诉您一句话。""什么话？""货源就快要紧缺，那时您将无法买到所需要的油料，而且价钱也要涨，我建议您现在买下这些石油。""我现在用不上，而且我也真的没地方可以放。""为什么不现在租一个仓库呢？""还是算了吧，谢谢你的好意。"

　　不一会儿，当罗塞尔回到办公室时，看到办公桌上放着一张留言条，上边写道："杰克先生让您回电话。"罗塞尔拨通了杰克的电话，就听见杰克在电话那头说："我已经租好了一个旧车库，能存放石油，请您将石油送过来吧！"

不管是在购买商品时，还是在享受服务时，客户往往都是以自我为中心的，他们首先想到的是自身的利益，希望通过购买商品来解决自己的问题。所以客户关心的是自己，如果销售员在推销的时候，能够站在客户的角度去考虑问题并介绍产品，为客户想想，多为客户打算，让客户感到你的关心，客户就会主动降低自己的心理防线，对你产生信任，特别乐意接受你的商品和服务。因此，销售员要懂得推销不是给客户传授知识和说教，而是为其提供服务和帮助，为客户解决问题和困难的，这样才能真正赢得客户的心。

帮犹豫不决的客户下决心

在与客户沟通时，我们会发现一些客户表现出一副犹豫的样子，对于商品的选择往往是优柔寡断，千挑万选却又无法决定，不知如何取舍。销售员已经把产品以及服务等各方面的信息介绍得很全面，对方也没有表示出多大的异议，可就是在签单的时间问题上一再拖延，总爱说"我再考虑考虑""我再问问别人""我回去再想一下"等，就是不能下定决心。这样的客户，我们称之为犹豫不决型客户。

一位大爷在咳嗽用药货架前研究了半天，再三比较下，终于拿了几样比较"顺眼"的药品，便向店员询问哪种药更好。这时，店员发现其中有一种是公司规定的主推品种，便机灵地指着说："这种不错。"

大爷半信半疑地说："我看这种药最近广告打得挺好，而且是某明星代言的，效果应该也不错。"

店员立即附和："是的，这个也蛮好的！"

大爷又指着其中一种说："这个是糖浆，服用挺方便的，而且是老牌子，应该也可以的。"

店员立刻点头说："确实是。"

由于接二连三的提问都得不到明确的答复，大爷也失去了选择的能力，最后只得放下药品对店员说："等医生开了药方，我再来买。"

显然，上例中的大爷就是个犹豫型顾客，即使在洽谈的过程中，也会这个那个地犹豫不定。看来像要决定，却犹豫不决。这种倾向不但表现在对商品的选择，而且在谈交易条件时也是一样。他们主要有三个特点：

第一，希望一切自己决定。犹豫型顾客总是想一切根据自己的意志，凭自己的感觉决定。这种类型的人头脑很好，一旦行动，会考虑很多，结果反而更加犹豫不定。

第二，不让对方看透自己。犹豫型顾客有讨厌被别人看透自己的心理，认为自己与别人不一样的意念特别强烈。

第三，极端讨厌被说服。犹豫型顾客很讨厌被人说服，特别是自认为自己想法正确的人，这种感觉也就越发强烈。如果被别人说服，他会认为是因为自己没有知识和能力。

面对犹豫型的顾客，要记住对方第一次拿的是什么商品，数次选看的是什么商品，根据其态度，留下几种适合他口味的商品，将其余的不动声色地拿开。然后，推断顾客喜爱的商品，正是他反复选看的商品，若他再次拿起那种商品，这时用自信的口吻说："太太，我认为这种最适合您。"这通常会使顾客当场决定下来。

若旁边还有其他顾客时，可征求第三方意见，这是促使犹豫不决型顾客下定决心的方法之一。一般情况下，被问及的顾客会予以合作，且赞同率往往会很高。

王华是一家服装加工厂的业务员。一天，他打电话给一家电子厂老总，推销一批男性职业套装。

"我认为这些款式一定会受到男性员工的欢迎。"

"色彩如何？"

"我觉得和贵公司踏实的企业精神颇为符合。"

"是吗？"

"我觉得您不用再考虑了，您只需要在这批服装上印上贵厂的商标和名称就可以使用了。"

"唔……"

"您看，我们共有两款设计。站在商业原则的立场上，我建议您选择A款，您觉得呢？"

"但是我觉得B款也不错……"

"B款确实也不错，但是稍微花哨了点。我还是建议您选择A款。"

"就决定A款吧！价格优惠，质料又不错。您说呢？"

"说的也是。好吧，那就拿A款吧。"

"谢谢，您的选择肯定不会错的。"

上述例子中，王华只给客户提供了A款与B款服装，但当他发现这位客户是犹豫不决型客户时，就立即给他A款这一唯一选择的建议，这样一来才促使客户下决心购买。

在接待犹豫型顾客时，不宜"一味附和"或者"喧宾夺主"，一定要把自己定位于称职"参谋"。真正为顾客着想，尊重他们意见的同时，言语缓和地表达自己的观点，这样可以减少顾客的疑虑，加快达成交易的速度。

售后不好，客户全跑：
决不把问题留给客户

在整个销售的过程当中，很多销售人员只注重售前服务，而忽略了售后服务。而事实上，售前服务和售后服务同样重要。所谓售后服务，就是在商品售出以后所提供的各种服务活动。从销售工作来看，售后服务本身也是一种促销手段和维系客户的方法。维系客户、做好售后服务工作，会带给顾客非常好的购物体验，能够进一步增进感情、为下一步合作打下基础。

约翰买了一个大房子。房子虽说不错，可毕竟是一大笔钱，他总有一种买贵了的感觉。几个星期之后，房产推销商打来电话，说要登门拜访，约翰不禁有些奇怪。

星期天上午，房产推销商来了，一进屋就祝贺约翰选择了一所好房子。他跟约翰聊天，讲了很多当地的小故事。又带约翰围着房子转了一圈，把其他房子指给约翰看，说明约翰的房子为啥与众不同。他还告诉约翰，附近几个住户都是有身份的人。一番话，让约翰疑虑顿消、得意满怀，觉得物有所值。那天，房产推销商表现出的热情甚至超过卖房的时候。

约翰对那事记忆深刻。约翰确信自己买对了房子，很开心。

房产推销商用了整整一个上午的时间来拜访约翰，而他本来可以去寻找新客户的。他吃亏了吗？当然没有。一周之后，约翰的一位朋友来玩，对旁边的一幢房子产生了兴趣。约翰自然介绍了那位房产推销商。后来，朋友没有买那幢房子，却从他手里买了一幢更好的房子。

房产推销商的销售无疑是很成功的，他提供了很好的售后服务，不仅解除了约翰心中的疑虑，而且无形中又赢得了一个客户。

现代销售活动，需要树立这样一种经营思想："卖货要像嫁姑娘。"作为一般的父母，把女儿辛勤培育成人，可一旦长大总要结婚嫁人。在女儿出嫁之后，父母也要随时关心她婚后的生活，教育她勤劳持家、孝敬长辈。对销售企业和销售员来说，也要把自己经手的商品看成是费尽心血养育成人的女儿，经常了解："客户用后是否觉得满意？""有没有发生故障和其他不便？"有时还亲自上门倾听客户的意见，迅速反馈给有关部门，作为改进产品的参考和依据。

只有重视和加强售后服务，才能更好地进行市场推广，提高自己在客户心目中的知名度，这样便犹如增添了一位无声的销售员，为企业和产品招徕更多的"回头客"。

一次，一名叫基泰丝的美国记者，来到日本东京的奥达克余百货公司。她买了一台唱机，准备作为见面礼，送给住在东京的婆婆。售货员彬彬有礼，特地为她挑了一台未起封包装的机子。

回到住所，基泰丝开机试用时，却发现该机没有装内件，因而根本没法使用。她不由得火冒三丈，准备第二天一早就去奥达克余百货公司交涉，并迅速写好了一篇新闻稿，题目是《笑脸背后的真面目》。

第二天一早，基泰丝在动身之前，忽然收到奥达克余百货公司打来的道歉电话。50分钟后，一辆汽车赶到她的住处。从车上跳下奥达克余百货公司的副经理和提着大皮箱的职员。两人一进客厅便俯首鞠躬，表示特来请罪。除了送来一台新的合格的唱机外，又加送蛋糕一盒、毛巾一套和著名唱片一张。接着，副经理又打开记事簿，宣读了一份备忘录。上面记载着公司通宵达旦地纠正这一失误的全部经过。

原来，昨天下午4点30分清点商品时，售货员发现错将一个空心货样卖给了顾客。她立即报告公司警卫迅速寻找，但为时已迟。此事非同小可。经理接到报告后，马上召集有关人员商议。当时只有两条线索可寻，即顾客的名字和她留下的一张"美国快递公司"的名片。据此，奥达克余公司连夜开始了一连串无异于大海捞针的行动：打了多次紧急电话，向东京各大宾馆查询，没有结果。再打电话问"美国快递公司"总部，深夜接到回电，得知顾客在美国的父母的电话号码。最后终于弄清了这位顾客在东京期间的住址和电话，这期间打的紧急电话，合计35次。

这一切使基泰丝深受感动。她立即重写了新闻稿，题目叫作《35次紧急电话》。

从故事中我们可以看出，这家日本百货公司有着良好的售后服务意识，从问题发生到圆满处理结束，整个过程反应之迅速，处理之及时，态度之诚恳，方法之得当，最后让顾客深受感动。

乔·吉拉德曾自豪地说："有一件事许多公司没能做到，而我却做到了，那就是我坚信推销真正始于售后，并非在货品出售之前。"销售人员在售出产品后，为了给以后的工作奠定良好的基础，应该时刻关心老客户，保持同他们的良好关系。如果客户对一切都感到满意的话，他就会成为你的忠实的客户和朋友，也会给你介绍一些新的客户。

总之，销售人员在成交之后，还应继续关心客户，站在客户的立场上看待问题、处理问题，使客户真正感到"买着放心，用着满意"。这是成功销售人员的共同经验，也是所有销售人员应遵循的职业准则。